मैं कवि-हृदय हूँ, कवि नहीं

(काव्य-संग्रह)

डॉ० प्रवीण कुमार अंशुमान

डायमंड बुक्स

www.diamondbook.in

प्रकाशक : डायमंड पॉकेट बुक्स प्रा. लि.

X-30, ओखला इंडस्ट्रियल एरिया, फेज-II

नई दिल्ली–110020

फोन : 011–40712200

ई–मेल : sales@dpb.in

वेबसाइट : www.diamondbook.in

संस्करण : 2022

मुद्रक : रेप्रो (इंडिया)

....

Main Kavi-Hriday Hoon, Kavi Nahin

By : *Dr. Praveen Kumar Anshuman*

साहित्य-गगन के स्वर्णिम स्पंदन

डॉ० हरिवंशराय बच्चन

जी को समर्पित

भूमिका

सर्वप्रथम यह स्पष्ट कर देना आवश्यक है कि मैं कोई कवि नहीं हूँ। अंग्रेज़ी और हिन्दी साहित्य के साथ तमाम अन्य भाषाओं के कवियों को पढ़ने के बाद मेरे लिए अब यह एक अत्यंत ही कठिन कार्य हो गया है कि मैं स्वयं को किस कोटि के अंतर्गत रखूँ। साधारण भाषा में तो कविता लिखने वाले प्रत्येक व्यक्ति को कवि की संज्ञा दी जाती है मगर मेरे लिए यह एक बड़ा ही बेबूझ तथ्य है कि लिखने की विधा से लेकर लेखक के अंतर्मन तक सब कुछ इतना भिन्न और विस्तीर्ण होता है कि उसे एक नाम से नवाज़ा जाना शायद कवियों की निर्वैयक्तिकता के साथ अन्याय करना है। परन्तु दूसरा उपक्रम भी उतना ही दुरूह प्रतीत होता है जितना कि पहला। अब प्रत्येक कवि की निजता के लिए भी तो एक नए नाम का सम्बोधन नहीं खोजा जा सकता है। जो भी हो, एक बात तो यहाँ पर स्पष्ट है कि पूर्व में शायद किसी भी कवि ने कभी इस बात पर आपत्ति नहीं जताई है कि उन्हें कवि क्यूँ कहा जाता है। शायद उन्हें कवि कहलाना पसन्द रहा होगा या शायद कवियों की श्रेणी में खड़े होना उन्हें प्रीतिकर लगता रहा होगा।

मेरे साथ दिक्क़त ये है कि मुझे 'कवि' कहलाना प्रीतिकर नहीं लगता है। पहला कारण यह है कि मैं स्वयं को कवि नहीं मानता हूँ। दूसरा यह है कि कविता लिखने की जो तकनीक और शैली साहित्य के पटल पर जानी और समझी जाती है, उसका मुझे कोई भी ज्ञान नहीं है। तीसरा है कि कवि की कविताएं इतनी गहरी और रहस्यमयी होती हैं कि उसे मात्र 'कवि' कहना मेरी दृष्टि में उसका अपमान है, उसकी प्रशंसा नहीं। चौथा यह कि कवि अक्सर आत्ममुग्धता के शिकार होते हैं, स्वयं की प्रशंसा सुनने के आदी होते हैं और अगर कोई मिल जाए तो उसे अनंतकाल तक अपनी कविता की घुट्टी पिलाने के लिए तत्पर रहते हैं। पाँचवा यह है कि प्रायः कवियों को स्वयं के लिए तालियाँ बजवाने में बड़ा मज़ा आता है। कई कवि तो मंच से सुव्यवस्थित तरीक़े से अभद्र और अशोभनीय टिप्पणी तक करने से भी नहीं कतराते हैं यदि श्रोतागण उनके लिए उनकी आकांक्षाओं के अनुरूप (लगातार) तालियाँ न बजा रहे हों। छठा यह है कि आमतौर से कवि, कवि होने से ही संतुष्ट रहता है, उसकी कविता न तो ऋचा बनती है और वह न ही तो वह कभी ऋषि बनने/होने की ओर उत्सुक ही होता है और कवि होना मेरी दृष्टि में ऋषि होने की ओर उठा एक क़दम है और यदि उस ओर कवि का क़दम नहीं उठता है तो वह सही अर्थों में कभी भी कवि नहीं कहा जा सकता है। जैसे हर बीज वृक्ष होने को पैदा होता है और अगर एक बीज वृक्ष न बन पाए

तो उसे बीज कहना शायद सही अर्थों में उचित नहीं होगा। तो मैं उपर्युक्त किसी भी कोटि के अंतर्गत ख़ुद को खड़ा नहीं पाता हूँ तो मेरे लिए ख़ुद को कवि कहना या कहलवाना बिल्कुल भी ठीक नहीं होगा।

अभी हाल ही में दिनांक 26.08.2022 को कुछ पंक्तियाँ मुझसे बन पड़ीं। ये पंक्तियाँ मेरे ज़ेहन में इसलिए अवतरित हुईं क्योंकि कुछ लोगों को मेरी इस पुस्तक के शीर्षक को लेकर कुछ दुविधा होती है। उनको लगता है कि 'कवि' और 'कवि-हृदय' दोनों तो एक ही बात है। ऐसा वे कहते हैं मगर उनको देखकर मुख्य बात मुझे अक्सर ये लगती है कि उनको मेरा स्वयं के लिए एक नई कोटि को ईजाद करना शायद गवारा नहीं है। मगर मैं भी क्या कर सकता हूँ जब मुझे स्थापित कोटियों में गिना जाना पसन्द नहीं है तो। मैं न तो उन कोटियों में आता हूँ और न ही चाहता ही हूँ कि उन कोटियों के अंतर्गत मेरी रचनाओं की समीक्षा की कोई भी ज़हमत ही उठाए। तो मेरी इस पुस्तक के शीर्षक के मद्देनज़र मैंने अधोलिखित पंक्तियों की रचना की थी जो कि इसके सार्थकता के सन्दर्भ में बड़ी ही उपयुक्त हैं। इस रचना का शीर्षक मैंने सुस्पष्ट रूप में दिया है कि 'मैं कवि नहीं हूँ' –

मैं 'कवि-हृदय' हूँ
कवि नहीं
मतलब कि मैं रास्ता हूँ
मंज़िल नहीं
विस्तीर्ण जगत् में
जब कभी किसी को
मंज़िल मिल जाती है
उसकी ज़िन्दगी
ठीक वहीं पे ठहर जाती है
मंज़िल से दुष्कर
शायद कुछ भी नहीं है यहाँ पर
मंज़िल की वजह से ही
ज़िन्दगी यहाँ ठहर जाती है
ठहरी चीज़ें मर जाती हैं
दुर्गन्ध से भर जाती हैं
मुझे कभी इस जीवन में
ठहरना नहीं है
मंज़िल की बातें

कभी करना नहीं है
मैं उस पथ का राही हूँ
जो निरन्तर चलायमान है
जो सदा गतिशील रहता
और एक आनंद रूपी वायुयान है
मैं कवि नहीं हूँ
मुझे भूलकर भी
कभी तुम कवि कहना भी नहीं
'कवि-हृदय' होने के सिवाय
कुछ भी और
मुझको कभी जँचता भी नहीं।

मुझे ऐसा लगता है कि इस जगत् में कहीं कोई मंज़िल नहीं है। मंज़िल बस एक धारणा मात्र है जो व्यक्ति को गतिमान रखती है मगर कहीं दूर खड़ी मंज़िल की संकल्पना प्रत्येक व्यक्ति को वर्तमान में मंज़िल को महसूस करके आनंदित होने से वंचित भी रखती है। मेरे लिए ऐसी मंज़िल दुष्कर है। ऐसी मंज़िल की कामना बिल्कुल ही व्यर्थ है। ऐसी मंज़िल से कभी भी कोई सुन्दर अर्थ नहीं निकल सकता है। ऐसी मंज़िल मनुष्यता को मूर्ख बनाने का एक साधन मात्र है। मेरे लिए रास्ता ही मंज़िल है। प्रत्येक क्षण में ही मंज़िल उपस्थित है और यदि रास्ता मंज़िल नहीं बन सकता तो कोई भी व्यक्ति कभी भी किसी मंज़िल को प्राप्त नहीं कर सकता। मंज़िल का मतलब मेरी नज़र में ठहरना भी नहीं है क्योंकि जिनको मंज़िल मिल जाती है वे तो मृत हो जाते हैं। वे रुक जाते हैं। वे पत्थर-से हो जाते हैं। और इसके प्रत्युत्तर में यदि कोई कहे कि नहीं, नहीं ऐसी कोई बात नहीं है, मंज़िल मिलने के बाद भी कोई अगली मंज़िल के लिए संलग्न हो सकता है और इस प्रकार वह मुर्दा नहीं होगा, वह जीवंत भी हो सकता है क्योंकि वह एक मंज़िल प्राप्ति के बाद भी अगली मंज़िल को पाने के लिए निरन्तर चल रहा होगा। मगर यदि कोई इस तरह से मंज़िल की प्राप्ति करे और अगले पड़ाव के लिए चल पड़े, तब तो वह रास्ते पर ही है, मंज़िल पर नहीं। उसे मंज़िल समझने की भ्रांति में नहीं पड़ना चाहिए क्योंकि यदि मंज़िल गौण होकर रास्ते की तरफ़ इशारा करने लगे तो ऐसे रास्ते को समझना आवश्यक हो जाता है कि वह रास्ता क्या है? एक रास्ता, रास्ता नहीं है यदि उस पर चलकर कोई दूर की मंज़िल प्राप्त करता हो क्योंकि एक मंज़िल के बाद दूसरी मंज़िल दूर नज़र आएगी और मंज़िल मिलते ही आदमी की नज़र दूसरी तथाकथित मंज़िल पर चली जाएगी। रास्ता चलते वक़्त रास्ता अगर मंज़िल का एहसास न करा पाए तो रास्ता कभी भी जीवन का असली आनंद नहीं दे पाएगा क्योंकि आनंद तो तब मिलेगा जब मंज़िल मिलेगी और मंज़िल कहीं दूर है। इसलिए रास्ता तभी

सही रास्ता बन सकता है जब वह प्रतिपल स्वयं मंज़िल बनता चलता हो। वह किसी दूर स्थित मंज़िल की ख़बर नहीं देता हो बल्कि जहाँ जब हो उसके साथ वहीं पर मंज़िल को भी साथ लिए रहता हो। ऐसे रास्ते के पथिक को 'कवि' तो नहीं कह सकते। उसके लिए मैंने जो शब्द चुना है, वह है 'कवि-हृदय'। तो कविता के किसी भी मापदण्ड को मेरी रचनाएं पूरा करती हैं या नहीं करतीं, इसका न तो मुझे पता है और न ही पता करने की ज़रा सी भी फ़िक्र। इसलिए न तो मैं कवि हूँ और न ही जो मुझसे प्रकट होती है वो कविता। स्वयं के लिए इसलिए मैंने 'कवि-हृदय' शब्द को चुना है और जो रचनाएं (कविता जैसी दिखने वाली) मुझसे प्रकट होती हैं उन्हें मैं 'काव्य-निर्झर' कहता हूँ।

जहाँ तक कविता की बात है तो कविताएं बड़ी भिन्न-भिन्न होती हैं। कभी लयबद्ध तो कभी लय से मुक्त, कभी तुकबंद तो कभी तुक से मुक्त, कभी छंदबद्ध तो कभी बिना किसी छंद के, कभी बहुत लम्बी तो कभी दो-चार शब्दों में अभिव्यक्त। कविता बिल्कुल किसी प्रकार से बँधी नहीं होती है। मगर कवि किसी न किसी रूप में बँधा ज़रूर होता है क्योंकि वो कवि होता है। कवि अपनी कविताओं का वाचन भी करता है। कवि को अपनी सारी कृतियाँ बड़ी प्रीतिकर भी लगती हैं। पाठक को किसी भी कवि की कुछ-कुछ कविताएं पसन्द आती हैं मगर कवि को उसकी अपनी सारी कविताएं पसन्द होती हैं। एक कवि के लिए यह समझना बहुत ही मुश्किल होता है कि उसकी सारी कविताओं को पाठकों की ओर से एक समान प्यार एवं सम्मान क्यूँ नहीं मिलता है। ऐसा इसलिए होता है क्योंकि जहाँ से खड़े होकर कवि अपनी कविताओं को देखता है वहाँ से खड़े होकर कोई भी पाठक उन्हें नहीं देख पाता है। कवि जब अपनी कविता किसी को सुनाता है तो सुनाए चला जाता है इस बात की परवाह किये बग़ैर कि सुनने वाला व्यक्ति उसकी कविता सुनने में उत्सुक भी है या नहीं। ऐसा शायद इसलिए वो करता है या होता है क्योंकि उसके लिए तो उसकी हरेक कृति बहुत ही महत्त्वपूर्ण होती है और उनके बारे में वो पूरी दुनियाँ को बताना चाहता है ताकि जिस रूपांतरण की कल्पना वो अपने मन के आँगन में करता रहता है उसे वो धरती पर यथार्थ रूप में उतार सके। मगर कवि की कल्पना कवि की ही कल्पना होती है। अक्सर कवि की कल्पनाएं कविताओं में ही सही होती हैं। यथार्थ जगत् में शायद ही वो कहीं ठहरती हैं। यही कारण था जब प्लेटो ने अपनी दुनियाँ से कवियों को निकाल बाहर किया था। मगर मुझे नहीं पता कि प्लेटो को ऋषियों का कुछ पता था या नहीं। यदि उसे पता होता तो मुझे लगता है कि वो उनका तो ज़रूर ही स्वागत करता क्योंकि प्लेटो के साहित्य का गहराई से अध्ययन एवं अवलोकन करने पर ऋषियों के जगत् का थोड़ा-थोड़ा आभास तो ज़रूर होता है। प्लेटो ने जिस तरह से विचारों का विषद विश्लेषण किया है कि यदि कोई भी उसमें थोड़ा गहरे उतरने की तैयारी दिखाए तो विचार-शून्यता के दर्शन भी उसको उपलब्ध होने लगेंगे। प्लेटो का पूरा साहित्य तो उपलब्ध भी नहीं है। क्या पता यदि उनका

साहित्य कभी भविष्य में उपलब्ध हो पाए तो ये सारी संभावनाएं भी उनसे प्रकट होकर हमारे समक्ष प्रस्तुत हों जो आज की तिथि में बस एक कोरी कल्पना है।

मुझे व्यक्तिगत तौर पर जयशंकर प्रसाद, रामधारी सिंह 'दिनकर' और हरिवंशराय बच्चन की कविताएं बहुत प्रिय हैं। बी०एच०यू० में स्नातक की पढ़ाई करने के दौरान मेरे मन-मस्तिष्क पर जिन्होंने जयशंकर प्रसाद के काव्य-कौशल की अमिट छाप छोड़ी थीं, वो थीं – प्रोफ़ेसर विद्योत्तमा मिश्रा। मेरे संज्ञान में अभी तक मुझे कोई ऐसा शिक्षक नहीं मिला जो कविताओं को उनकी तरह तल्लीन होकर एकटक पैतालिस मिनट पढ़ा सकता हो। उनके प्रत्येक शब्द मंत्र-मुग्ध करने वाले होते थे। कविता को समझने व सुनने का वैसा सुअवसर मुझे कभी भी अब तक दुबारा नहीं उपलब्ध हो सका। उनके द्वारा व्याख्यायित प्रसाद की वो पंक्तियाँ आज भी मेरी ज़ुबान पर कंठस्थ हैं जिनको प्रोफ़ेसर विद्योत्तमा ने अपनी मृदुल व जादुई वाणी से अभिव्यक्त करके हम सभी विद्यार्थियों के सृजन-निलय को आलोकित किया था –

बीती विभावरी जाग री!
अम्बर-पनघट में डुबो रही-
तारा-घट ऊषा-नागरी!
खग-कुल कुल-कुल सा बोल रहा,
किसलय का अंचल डोल रहा,
लो यह लतिका भी भर लायी-
मधु-मुकुल नवल रस-गागरी!
अधरों में राग अमन्द पिये,
अलकों में मलयज बन्द किये-
तू अब तक सोयी है आली!
आँखों में भरे विहाग री!

या फिर वो पंक्तियाँ जो भारत के दर्शन को अद्भुत रूप से व्याख्यायित करती थीं कि –

अरी वरुणा की शांत कछार !
तपस्वी के वीराग की प्यार !

सतत व्याकुलता के विश्राम, अरे ऋषियों के कानन कुञ्ज!
जगत नश्वरता के लघु त्राण, लता, पादप, सुमनों के पुञ्ज!
तुम्हारी कुटियों में चुपचाप, चल रहा था उज्ज्वल व्यापार
स्वर्ग की वसुधा से शुचि संधि, गूंजता था जिससे संसार...

जब स्नातक की पढ़ाई पूरी हुई तो मेरे मित्र कुमार गौरव (राजघाट, वाराणसी) ने मुझे दिनकर की 'रश्मिरथी' उपहार स्वरूप मुझे ये कहते हुए भेंट की कि – "इसे बुकसेल्फ़ में सजाकर मत रख लेना, इसे पढ़ना ज़रूर"। और जब मैंने दिनकर की उस कृति का रसास्वादन किया तो स्वयं को उन्माद की चरम दशा में पहुँचा हुआ पाया। उस जैसे ओज, रस, सौन्दर्य, शब्द-सौष्ठव, अंगार आदि के समन्वय को शायद मैंने तब तक किसी भी कृति में नहीं देखा था। 'रश्मिरथी' की सारी पंक्तियों को पुस्तक की समाप्ति तक मैं ज़ोर-ज़ोर से बोलकर पढ़ता रहा। मूक होकर उस किताब को पढ़ना तो जैसे मेरे लिए सम्भव ही नहीं लग रहा था। अद्भुत अनुभव था दिनकर की 'रश्मिरथी' को पढ़ना और उसमें लिखित एक-एक पंक्ति के साथ स्वयं को आंदोलित व अभिप्रेरित महसूस करना। उदाहरण के तौर पर अब अधोलिखित पंक्तियों को ही देखिए –

वर्षों तक वन में घूम-घूम
बाधा-विघ्नों को चूम-चूम,
सह धूप-घाम, पानी-पत्थर
पांडव आये कुछ और निखर।
सौभाग्य न सब दिन सोता है,
देखें, आगे क्या होता है।

मैत्री की राह बताने को
सबको सुमार्ग पर लाने को,
दुर्योधन को समझाने को
भीषण विध्वंस बचाने को।
भगवान् हस्तिनापुर आये,
पांडव का संदेशा लाये...

बचपन से ही श्री अमिताभ बच्चन जी के प्रति विशेष लगाव के कारण मैं डॉ० हरिवंशराय बच्चन जी की कविताओं के सम्पर्क में आया और सबसे पहले उनकी सर्वश्रेष्ठ कृति "मधुशाला" पढ़ी। इस काव्य-सुधा को पढ़कर मज़ा तो ख़ूब आया मगर असली मज़ा जो

मुझको आया और जिसने मेरी स्मृतियों में पूर्णरूपेण समाविष्ट होकर बहुत गहरे में जड़ें जमा लीं, वो था उनका काव्य संकलन "निशा-निमंत्रण" जिसके जैसी दूसरी कृति मैंने आज तक नहीं देखी। इस काव्य-संग्रह से मैं एक कविता यहाँ पर उद्धृत करना चाहूँगा जिसका शीर्षक है 'देवता उसने कहा था' और कविता लिखने की इसी शैली पर मैंने भी एक रचना 'क्या तूने भारत जाना है' शीर्षक से रची जो कि इस पुस्तक में काव्य-निर्झर – 7 के रूप में सम्मिलित भी की गयी है –

रख दिए थे पुष्प लाकर
नत नयन मेरे चरण पर!
देर तक अचरज भरा मैं देखता ख़ुद को रहा था!
देवता उसने कहा था!

गोद मंदिर बन गई थी,
दे नए सपने गई थी,
किंतु जब आँखें खुलीं तब कुछ न था, मंदिर जहाँ था!
देवता उसने कहा था!

प्यार पूजा थी उसी की,
है उपेक्षा भी उसी की,
क्या कठिन सहना घृणा का भार पूजा का सहा था!
देवता उसने कहा था!

वर्तमान समय के उभरते साहित्यकारों में ढेर सारे कवि मुझे प्रीतिकर हैं मगर सबसे प्रीतिकर हैं मुझे मेरे मित्र – डॉ० कुमार विमलेंदु सिंह। हम दोनों बी०एच०यू० के प्रांगण में सन् 2002 से लेकर सन् 2007 तक स्नातक एवं परास्नातक के दौरान सहपाठी थे। एक बार की बात है कि हमारे एक सहपाठी ने विमल से कहा कि – "विमल! तुम तो कवि हो। कविताएं लिखते हो। ज़रा मेरे ऊपर भी एक कविता लिखकर दिखाओ।" हमारी अंग्रेज़ी की क्लास शुरू होने वाली थी और वो भी हम दोनों के सबसे प्रिय शिक्षक प्रोफ़ेसर जे०एस० झा सर की। सर ने तो क्लास में आने के बाद तुरंत अटेंडेंस लेनी शुरू कर दी और विमल ने कविता लिखनी। अटेंडेंस पूरी होते-होते कविता लिखी जा चुकी थी और वो कविता थी –

व्योम के पास धरा नहीं
धरा वंचित है व्योम से,
व्याकुल हैं दोनों सानिध्य के लिए
पर दूर खड़े हैं विलोम से।
धरा निज विपासा से व्याकुल है
व्योम अपनी ही प्यास को पीता है,
यह छोटी-सी बात नहीं
तुमने इनके मध्य खड़े रहकर
अपने ही मन को जीता है।

इस तात्कालिक कविता ने हम सभी को मोह लिया था। फिर तो विमल ने न जाने कितनी कविताएं रचीं जो सभी के दिलों में बसती चली गयीं मगर उन सभी में जो मेरी सबसे पसंदीदा कविता रही वो है – 'मैं ही वर्तमान हूँ' जिसे उनके काव्य-संग्रह "मैं विद्रोही मैं यायावर" में पढ़ा जा सकता है जिसकी कुछ पंक्तियाँ इस प्रकार हैं –

कालखण्ड नहीं हूँ मात्र
संभाव्य मेरे अधीन है,
कुछ भी नहीं प्रबल मेरे समक्ष
प्रत्येक शक्ति ही क्षीण है।
भविष्य के गर्भ का
मैं ही तो परिमाण हूँ,
निर्निमेष देखो मुझे
मैं ही वर्तमान हूँ...

मैंने अपने जीवन काल में कविताएं तो नहीं लिखी मगर कुछ ज़रूर लिखा। अब उन्हें कविता कहूँ या न कहूँ, मुझे कुछ पता नहीं। कुछ कविता जैसी आठ-दस रचनाएं मेरी पुरानी डायरियों में मौजूद ज़रूर हैं जिन्हें थोड़ा परिष्कृत करके आगामी काव्य-खण्डों में अवश्य लाना चाहूँगा। उनके शीर्षक कुछ इस प्रकार हैं – 'हमारा साथ तो ज़िन्दगी अनाथ', 'सोचा बहुत हमने', 'कैसे कह सकोगे तुम', 'चिड़ियों का कलरव' इत्यादि (सन् 2004 की डायरी से)। पुरानी डायरियों के पन्नों को पलटने पर पता चला कि हिन्दी से ज़्यादा मैंने अंग्रेज़ी में रचनाएं की थीं। कुछ दस-बारह देशभक्ति के भाव से ओतप्रोत शायरियाँ भी वहाँ पर मौजूद हैं। अंग्रेज़ी के प्रति जो मेरा जुनून था, उसी के कारण ही शायद

मैंने अंग्रेज़ी में उस वक़्त इतनी रचनाएं की होंगी। सन् 2003 की डायरी में मौजूद कुछ अन्य शीर्षक इस प्रकार हैं – 'Parents', 'The Young Generation', 'Tomorrow Never Comes', 'Love's Never Lost' (In the format of Shakespearean Sonnet), 'Teacher, The Zenith, The Genuine', 'The Death', 'A Friend In Need Is A Friend Indeed', 'The Power Of God', 'A Turning Point' or 'Lesson From The Wrong Step', 'The Metamorphisis In Man'. सन् 2004 की डायरी में कुछ रचनाओं के शीर्षक इस प्रकार हैं – 'The Pious Statue' or 'The Chaste Icon', 'What Is The Reason Of Prostitution?', 'Lesson From The Life Of Eunuchs', 'Lotus In Mud', 'The Miracle Of The World', 'Rendezvous, None But Kumar Vimlendu' etc.

काव्य-लेखन की प्रेरणा की बात करें तो मेरे लिए मुश्किल होगा कुछ भी कह पाना। मगर सोचने और सोचकर लिखने की प्रेरणा की अगर बात करनी हो तो बेशक मुझे पता है कि उसका उद्गम स्थल क्या है और जिसके लिए मैं मेरे मित्र डॉ० संजय वर्मा (असिस्टेंट प्रोफ़ेसर, अंग्रेज़ी विभाग, किरोड़ीमल कॉलेज) और वरिष्ठ कुलीग डॉ० महेश कुमार (सेवानिवृत्त, हिन्दी विभाग, किरोड़ीमल कॉलेज) का धन्यवाद करना चाहूँगा जिनके प्रयास से मुझे किरोड़ीमल कॉलेज की वार्षिक पत्रिका का मुख्य सम्पादक बनने का शुभ अवसर प्राप्त हुआ और जिसके फलस्वरूप मुझे लगातार तीन वर्षों तक 'न्यू ऑउटलुक' पत्रिका के साथ काम करने का मौक़ा मिला। उन तीन वर्षों ने मुझे इतना सोचने और मंथन करने का आयाम प्रदान किया कि तब से मेरा सोचना जो शुरू हुआ है कि अब तक वो रुकने का नाम ही नहीं ले रहा है। कॉलेज मैगज़ीन के वे तीन संस्करण (2017, 2018 & 2019) मुझे सोचने और मंथन करने की दिशा में संलग्न करवाने के परिप्रेक्ष्य में एक प्रत्यक्ष प्रमाण रूपी दस्तावेज़ हैं और जिनको मैं कॉलेज के लिए अपनी सबसे बड़ी सेवा मानता हूँ। दूसरी प्रेरणा हैं मेरे गुरु – ओशो रजनीश। हिन्दी साहित्य के पटल पर जो स्थान ओशो की हिन्दी की किताबों का है वो शायद ही किसी और पुरोधा की किताबों का कभी हो सकता है। हिन्दी के विद्वान इस तथ्य से परिचित तो हैं मगर आज भी उनके अंदर इतनी हिम्मत नहीं आ पायी है कि वे इस सत्य को स्वीकार करके अकादमिक जगत् में ओशो को उचित स्थान देने की दिशा में काम कर सकें। वैसे तो ओशो की सभी किताबें बहुमूल्य और बेशक़ीमती अर्थ रखती हैं मगर इस विशेष सन्दर्भ में कुछ किताबें उल्लेखनीय हैं – 'अध्यात्म उपनिषद्', 'बिन बाती बिन तेल', 'भक्ति-सूत्र', 'एक ओंकार सतनाम', 'गीता-दर्शन', 'गहरे पानी पैठ', 'ईशावास्योपनिषद्', 'कठोपनिषद्', 'केनोपनिषद्', 'कृष्ण-स्मृति', 'कहै कबीर दीवाना', 'कहै कबीर मैं पूरा पाया', 'सुनो भाई साधो', 'कैवल्य उपनिषद्', 'मैं

कहता आँखन देखी', 'मृत्योर्मा अमृतं गमय', 'मैं मृत्यु सिखाता हूँ', 'निर्वाण उपनिषद्', 'पग घुँघरू बाँध', 'सर्वसार उपनिषद्', 'शिव-सूत्र', 'ताओ-उपनिषद्', 'विज्ञान, धर्म और कला', 'योग: नए आयाम' इत्यादि। ओशो ने अपनी सैकड़ों किताबों में हज़ारों कविताओं का उपयोग किया। उनके द्वारा चुनी गयी कविताएं जीवन-दर्शन के लिहाज़ से अत्यंत ही उच्च कोटि की होती थीं और जिनका अगर कोई अध्ययन करे तो न जाने कितने जीवन के रहस्यों का उद्घाटन कर सकता है। उदाहरण के तौर पर उनकी किताब "मरौ हे जोगी मरौ" में उद्धृत ये पंक्तियाँ –

दिल है फ़िरदौस की बहारों में
फ़िक्र-ए-तूबा के शाख-सारों में,
हाय मदहोश रात का अफ़सूं
मैं ज़मीं पर हूँ, रूह तारों में।

"न कानों सुना न आँखों देखा" किताब में ओशो ने एक कविता का उद्धरण इस सन्दर्भ में दिया है कि जब एक व्यक्ति अपने क्रोध, लोभ, माया, मोह सबको जीत लेता है, तब उस पर आनन्द की बारिश होने लगती है। वे कविता पढ़ते हैं कि –

धीरे-धीरे उतर क्षितिज से
आ बसंत-रजनी!

तारकमय न वेणी बंधन,
शीलफूल कर शशि का नूतन,
रश्मि-वलय सित फन-अवगुंठन,
मुक्ताहल अभिराम बिछा दे
चितवन से अपनी!
पुलकती आ बसंत-रजनी!

मर्मर की सुमधुर नूपुर-ध्वनि,
पीवत रामरस लगी खुमारी
अलि-गुंजित पद्मों की किंकिणी
भर पद-गति में अलस तरंगिणी
तरल रजत की धार बहा दे

मृदु स्मित से सजनी!
विहंसती आ वसंत-रजनी!

पुलकित स्वप्नों की रोमावलि,
कर में हो स्मृति की अंजलि,
मलयानिल का चल दुकूल अलि!
घिर छाया-सी श्याम, विश्व को
आ अभिसार बनी,
सकुचती आ वसंत-रजनी!

सिहर-सिहर उठता सरिता..उर
खुल-खुल पड़ते सुमन सुधा भर,
मचल-मचल आते पल फिर फिर,
सुन प्रिय की पदचाप हो गई
पुलकित यह अवनी!
सिहरती आ वसंत-रजनी!
सिहरती आ वसंत-रजनी!
पुलकित हो गई यह अवनी!

ऐसी हज़ारों पंक्तियाँ ओशो ने अपने विपुल हिन्दी साहित्य के माध्यम से बिखेरी हैं, जिनका अध्ययन एक नए लोक में पदार्पण कराता है। ध्यान देने योग्य बात यह है कि ओशो ने उन कवियों की पंक्तियों का विश्लेषण एक कविता की तरह नहीं बल्कि एक ऋचा की तरह किया है।

ओशो-साहित्य के अध्ययन ने मुझे ज़िन्दगी को देखने और समझने का एक नया सोपान दिया। उनके द्वारा प्रदत्त जीवन-दृष्टि के कारण ही मन अनंत विचारों की शृंखला से सदा आप्लावित रहता है, भावनाओं और भावभंगिमाओं से लबालब भरा रहता है। जब चाहो जिधर से चाहो शब्दों को पकड़ लो और रचनाएं तैयार हो जाती हैं। एक बात का सुकून सदा मुझे रहता है कि ओशो के शब्दों ने शब्द नहीं दिए हैं, दृष्टि दी है। बंधन नहीं दिए हैं, मुक्ति दी है। उन्होंने कविताएं तो नहीं लिखीं मगर उन्होंने जो कुछ भी बोला है और जिसे

किताबों के रूप में संकलित किया गया उनसे बेहतरीन कविता शायद आज तक मनुष्य-जाति के इतिहास में कभी नहीं लिखी गयी होगीं।

इस काव्य-निर्झर की शुरुआत तो वस्तुतः मेरे द्वारा सन् 2020 के मई माह में निर्मित व्हाट्सअप्प समूह 'सव्यसाची' में वाद-प्रतिवाद के दौरान हुई। मेरे मित्र कविराज यदुवंशी ने मेरी प्रशंसा में एक कविता लिखी जिसके प्रत्युत्तर में मैंने अधोलिखित रचना की जिसे इस काव्य-संग्रह में काव्य-निर्झर – 2 'तू भी तो है कृति उसी की' के शीर्षक के साथ सम्मिलित किया गया है –

नील गगन का ध्रुव तारा भी
एक दिन माटी में मिल जाएगा,
शब्दों का अन्वेषक भी
दो पाटों के बीच पिस जाएगा।
तू क्यूँ मेरे जैसा हो
मुझमें ऐसी बात है क्या,
तू भी तो है कृति उसी की
यह तुझको कौन समझाएगा?
सूरज, जुगनू, तारे सब
बस एक उसी के अंश हैं,
केंद्रबिंदु के एहसास में
मिट जाते सारे दंश हैं।

मेरा काव्य-लेखन तो प्रायः प्रत्युत्तर में लिखा गया एक संवाद है। 'सव्यसाची' समूह में वाद-प्रतिवाद का सिलसिला निरन्तर चलता रहा जिसके कारण धीरे-धीरे आज 2000 से ज़्यादा काव्य रचनाएं मुझसे बन पड़ी हैं। कविराज की निरन्तर कविताई (काव्य-धारा) ने मुझे प्रेरित किया और मैं लगातार लिखता चला गया। इसके पूर्व एक काव्य की रचना मैंने अपने पिता (श्री फूलचन्द जी) की हार्दिक अभिलाषा पर की थी, जिसका शीर्षक दिया 'हरगुन-महोत्सव' और जो कि इस काव्य-खण्ड में काव्य-निर्झर – 70 के रूप में मौजूद है। इस कविता का वाचन बालीवुड के महान कलाकार और 90 के दशक में लोकप्रिय हुए और आज तक सबके दिलों पर राज करने वाले चंद्रकांता धारावाहिक के अमर किरदार क्रूर सिंह (श्री अखिलेन्द्र मिश्र जी) ने किया है जो मेरे यूट्यूब चैनल (Savya Sachi) पर

उपलब्ध भी है। मेरे काव्य-निर्झर में हिन्दी के अलावा उर्दू, फ़ारसी और कभी-कभी अंग्रेज़ी के शब्द भी आते रहते हैं। मुझे उनके प्रयोग पर कोई आपत्ति नहीं है। जो शब्द उन अमुक भाषाओं से लिए गए हैं, वे हमारी बोलचाल की भाषा में इतनी सहजता से प्रवेश कर चुके हैं कि उन्हें विजातीय की तरह देखना मुझे उचित नहीं लगता है। वे मुझे अब हिन्दी भाषा के ही अविभाज्य अंग नज़र आते हैं। बहुत बार तो उन शब्दों की जगह पर हिन्दी के शब्दों का प्रयोग खटकने लगता है। उदाहरण के तौर पर ईश्वर की जगह ख़ुदा शब्द का प्रयोग या प्रौद्योगिकी की जगह इंजीनियरिंग या तकनीकी की जगह टेक्नोलॉजी या प्रबलता की जगह शिद्दत का प्रयोग इत्यादि। कहने को तो वे दूसरी भाषाओं की शब्दावलियों के हिस्से हैं मगर मेरे प्रयोग में मुझे वे हिन्दी जैसे ही लगते हैं इसलिए मैंने उनका प्रयोग अपनी रचनाओं में सहजतापूर्वक किया है। इसके बावजूद एक रचना 'मुंगेर-महल' मुंगेर विश्वविद्यालय के लिए प्रशस्ति-गीत के रूप में मैंने लिखी जिसे इस संग्रह में पहले काव्य-निर्झर के रूप में जगह दी गयी है और जिसे मैं अपनी सर्वश्रेष्ठ रचनाओं में से एक मानता हूँ।

किसी भी लेखक के द्वारा लिखा गया कुछ भी प्रायः ऑटोबायोग्राफ़िकल (आत्मकथात्मक) होता है। शायद यह कहना कितना उचित होगा मुझे ज्ञात नहीं है मगर मेरा यह मानना है कि प्रत्येक लेखक का लिखा गया सब कुछ आत्मकथात्मक ही होता है चाहे वो ख़ुद के बारे में लिख रहा हो या किसी अन्य के बारे में। ऐसा मैं इसलिए मानता हूँ क्योंकि जो कुछ भी लेखन में आता है वह लेखक की आत्म-मंथन की प्रक्रिया से छनकर आता है, गुज़रकर आता है। चूँकि लेखक के एक-एक शब्द उसकी अपनी संवेदनाओं के प्रतिफलन होते हैं, वे दूसरे के बारे में होकर भी उसके ही रहते हैं। तो मेरी दृष्टि में लेखक का सब कुछ ऑटोबायोग्राफ़िकल होता है। यह तो लेखक के बारे में हुआ, पाठक के बारे में क्या? ऑटोबायोग्राफ़िकल के प्रत्युत्तर में यदि ऑटोबायोग्राफ़िकल अप्रोच (आत्मकथात्मक दृष्टिकोण) न अपनाया जाए तो पाठक अपने धर्म से च्युत हो जाता है। पाठक की ग्राह्यशीलता भी आत्मकथात्मक ही होनी चाहिए। लेखक अपने धर्म का निर्वहन अपने और अपने आस-पास के जीवन की समझ को शब्दों तक लाकर करता है। ठीक उसी प्रकार पाठक को अपने और अपने आस-पास के जीवन को लेखक की दृष्टि के अंतर्गत देखना और समझना होता है। लेखक की तरफ़ से लेखन तो ऑटोबायोग्राफ़िकल होता ही है, यह पाठक की तरफ़ से भी ऑटोबायोग्राफ़िकल होता है। लेखक तो इससे इतर कुछ और नहीं कर सकता मगर पाठक तो कर सकता है, और यदि पाठक इसे अपने से सम्बन्धित करने की बजाय लेखक या किसी और अन्य व्यक्ति के सम्बन्ध में सन्दर्भित करके देखता, समझता और दूसरों को समझाता है तो समझिए कि वो वहीं पर चूक जाता

है। किसी भी लेखक का लेखन आत्म-संवेदना और आत्म-चेतना को जगाने के मद्देनज़र होना चाहिए। इससे इतर कुछ भी मौलिक देशना को भटकाने का काम करता है और फिर साहित्य-सृजन की ओर से विमुख होकर उदासीनता की ओर व्यक्ति अग्रसर होने लगता है। तो मेरा कहने का तात्पर्य यह है कि जो कुछ मेरी लेखनी से शब्द बनकर निकल चुका है वह मेरा होकर भी मेरा नहीं है और जो लोग भी इसे पढ़ेंगे, समझेंगे, सुनेंगे और मनन एवं मंथन करेंगे, यह उनका न होकर भी उन्हीं का हो जाएगा। यह एक पारस्परिक साझा लेन-देन है जिसकी प्रक्रिया को समझने में ज़रा-सी गर भूल हो जाए तो सृजन निर्जन-क्षेत्र में परिवर्तित हो जाता है।

उपर्युक्त जो कुछ भी लिखा गया है उसे इस संग्रह की भूमिका के रूप में देखा जाएगा, पढ़ा जाएगा, और जड़ता से समझने का प्रयास किया जाएगा बिना इस बात को सोचे-समझे कि पृष्ठों पर जो अंकित हो जाता है, उतना ही सत्य नहीं होता है। सत्य तो असल में आज तक किसी भी पृष्ठ पर अंकित नहीं हो पाया है। आज इस संग्रह की भूमिका लिखने बैठा हूँ तो ये लिख दिया। आज से कुछ दिन बाद अगर लिखता तो ठीक यही भूमिका कभी नहीं लिख सकता था जो कि आज लिखे जाने के कारण सदा-सदा के लिए इस वर्तमान रूप में अमिट रूप से सभी के समक्ष प्रस्तुत हो चुकी है। अगर इसे कुछ दिन या महीने पूर्व लिखा होता तो भी यह वो नहीं हो सकता था जो आज एक बार की बैठक में हो गया है। एक और कोशिश यदि कुछ इस तरह से की होती कि थोड़ा-थोड़ा शुरुआत से ही कुछ न कुछ लिखता जाता, और आख़िर में जाकर एक सुव्यवस्थित और सुसंस्कृत भूमिका लिखता, तो भी जो आज लिखा है, वह तो उससे पृथक ही होता। मगर एक बार पृष्ठों पर अंकित हो जाने के बाद तो उसकी सीमाएं निर्धारित हो जाती हैं जो कि सत्य की तरफ़ स्वयं ही इशारे जैसी होती हैं, सत्य नहीं होती हैं। कहने का आशय बस इतना-सा है कि हर हाल में अन्ततः जो पृष्ठों पर अंकित हो जाता है, वही दुनियाँ के लिए एक परिधि निर्मित कर देता और उसे ही दुनियाँ अंतिम मापदण्ड के रूप में इस्तेमाल करती है। वास्तव में लेखक के भाव वाली दुनियाँ पर न तो कोई लगाम होती है और न ही कोई सीमारेखा हो सकती है। तो जो असीम है, उसे सीमाबद्ध किया गया है इस संग्रह में, इस संग्रह की भूमिका में, मगर जो कोई भी उन्हें सीमित के सन्दर्भ में समझने का प्रयास करेगा, वह असीम के आनंद और उसकी प्रफुल्लता के स्वर से स्वयं को सौ प्रतिशत वंचित कर लेगा।

अनंत को अनंत होकर ही जाना और समझा जा सकता है। शब्द उस अनंत की ओर इशारे मात्र हैं और जो इशारों को पकड़ना सीख लेते हैं, वही लोग सृजन को अंगीकार कर पाते

हैं। मेरी ये कृतियाँ छंदबद्ध/मुक्त और लयबद्ध/मुक्त हैं मगर ये बस उतनी ही नहीं हैं। इन्हें पढ़ते वक़्त इतना ध्यान अवश्य रखना होगा।

इस काव्य-संग्रह की प्रूफ-रीडिंग करवाने में मेरे अज़ीज़ मित्र डॉ० मुजीब अहमद खान एवं डॉ० रवि प्रकाश चौबे और मेरे पिता श्री फूलचन्द जी का विशेष योगदान है। श्री नगेन्द्र जी (डायमंड बुक्स) का बहुत-बहुत आभार जिन्होंने काव्य-निर्झर के मेरे इस प्रथम संकलन को प्रकाशित किया।

प्रख्यात साहित्यकार, लेखक एवं कवि डॉ० जयप्रकाश कर्दम जी का हृदय से धन्यवाद करता हूँ जिन्होंने मेरे इस प्रथम काव्य-संग्रह का आमुख लिखकर इसे साहित्य जगत् में सार्थकता प्रदान की।

आशा है कि मेरी इस पुस्तक को भी पाठकों का ख़ूब-ख़ूब प्यार मिलेगा।

आमुख

कविता में उतरने, रचने-बसने के लिए 'कवि-हृदय' होना आवश्यक है। 'कवि-हृदय' कविता का पाठक भी हो सकता है, किंतु 'कवि-हृदय' हुए बिना कोई कवि नहीं हो सकता। कवि होने की पहली शर्त मानवीय होना ही है। क्योंकि मानवीय संवेदनाओं की अभिव्यक्ति ही कविता होती है। कविता में मानव-मन की अनुभूतियां, उसके वेग, संवेग, वेदना, संवेदनाएं ही तो अभिव्यक्त होती हैं। जहाँ यह सब नहीं, वहाँ कविता भी कहाँ होती है। अब, यदि कोई कवि यह कहे कि 'मैं कवि-हृदय हूँ, कवि नहीं', तो इसका तात्पर्य यही हो सकता है कि वह कवि होने का बोझ लेकर नहीं चलता है। कवि होने के दिखावे और दंभ से मुक्त, वह केवल और केवल एक कवि है। असल में 'कवि-हृदय' ही असली कवि होता है। कवि की यही विनम्रता सही मायनों में उसे कवि बनाती है तथा उसके कवि होने का परिचय और बोध कराती है। 'कवि-हृदय' का अर्थ ही है सहज, सरल और विनम्र होना। जीवन और प्रकृति के साथ चलना और उनकी गति के साथ बहना। समाज और संस्कृति के मूल्यों का संवहन करना। सहज और संवेदनशील व्यक्ति ही पक्षियों के कलरव और झरनों से गिरते पानी के संगीत को सुन सकता है, प्रकृति के सौंदर्य को अनुभव कर सकता है तथा मनुष्य के दुःख, पीड़ा, और संत्रास को समझ सकता है। वही जीवन-सागर में गहरे उतर कर मोती चुनकर ला सकता है। प्रवीण कुमार 'अंशुमान' ऐसे ही कवि हैं। वे बारिश की फुहारों में भीगकर उसका आनंद लेने की कला जानते हैं।

कविता के बारे में यदि कहा जाता है कि 'कविता भाषा में आदमी होने की तमीज़ है' तो इसका तात्पर्य यही है कि कविता मानवीयता का संचार कर व्यक्ति को मानवीय बनाती है। कवि-हृदय प्रवीण कुमार 'अंशुमान' को कविता की इस ताक़त की अनुभूति है, तभी वह कविता के जीवित रहने की कामना करते हैं। यदि कविता मर जाती है तो शब्द नहीं मरते, मनुष्यता मरती है। सच कहा जाए तो कविता शब्दों का मुख है। साहित्य की अन्य किसी भी विधा की तुलना में शब्द सर्वाधिक मुखर होकर कविता में ही बोलते हैं। जब कविता बोलती है तो बहुत कुछ खोलती है। जहाँ शब्द, शब्दों में नहीं समाते, वहाँ कविता कैसे समा सकती है शब्दों में। यह कविता की ताक़त और कवि का कौशल है कि जहाँ कविता

शब्दों में नहीं समाती, वहाँ शब्द कविता में समा जाते हैं। कवि के पास कविता की ताक़त है। तभी वह साहस, दृढ़ता और विश्वास के साथ यह कह सका है –

मैं अपनी मुट्ठी में पूरा ही हूँ आविष्ट
अपने केंद्र में ही हूँ सदा संश्लिष्ट
मैं भटक कभी नहीं सकता हूँ
सूरज को भी मैं अपने भीतर रखता हूँ
अपने पथ को खोकर कभी
मैं कुछ भी अन्यत्र
स्वीकार नहीं कर सकता हूँ।

कविता विस्फोटक भी होती है। वह विस्फोट कर सकती है और उसने बड़े-बड़े विस्फोट किये हैं। किंतु कविता के अंदर इतना संयम भी होता है कि वह सूरज को भी अपने अंदर समेट कर रख सकती है। विस्फोट की ज़रूरत के समय बारूद बन जाना, शांति की ज़रूरत के समय संयम की सीख देना और प्रेम के समय माधुर्य की बरसात करना, यही कविता की असली ताक़त और उसका अभीष्ट है। प्रवीण कुमार 'अंशुमान' की कविताओं में यह सब देखा जा सकता है।

कवि को मनुष्यता को बचाने की चिंता है। जब पूरा शहर रो रहा हो तब कवि का यह प्रश्न करना बहुत अर्थ रखता है कि –

मौत का तांडव
न जाने कब रुकेगा
मानव के सामने
ये दानव कब झुकेगा…

कविता जीवन की सहयात्री है। इसलिए वह न मनुष्य और जीवन को रोककर रखती है और न दूर भागने देती है, सहयात्री की तरह उनके साथ चलती है। अंशुमान जी एक दार्शनिक कवि हैं। वह जीवन को समझते और उसकी व्याख्या करते हैं। जीवन क्या है? यह तक बतलाते हैं।

कविता में जीवन होता है। जीवन का आधार प्रेम होता है। प्रेम करना सरल नहीं होता। प्रेम के बारे में किसी शायर ने कहा था 'इक आग का दरिया है और डूबकर जाना है।' अर्थात प्रेम के जीवन को पाना बहुत कठिन बल्कि दुर्लभ है। जो प्रेम में अपना सब कुछ क़ुर्बान करने को तैयार रहते हैं, प्रेम को वे ही पा सकते हैं। इसीलिए प्रेम काँटों का ताज है या प्रेम का मार्ग काँटों का मार्ग है। लेकिन 'कवि-हृदय' प्रेम से भरा होता है। वह प्रेम के यथार्थ को समझता है। एक 'कवि-हृदय' ही यह कह सकता है कि –

प्रेम एक मृत्यु है
और शायद इसीलिए
लोग प्रेम की बातें करते हैं
सिर्फ़ बातें और बातें ही
और प्रेम करने से डरते हैं।

कवि-हृदय प्रवीण कुमार 'अंशुमान' की कविताओं में जीवन के विविध रंग देखने को मिलते हैं। उनकी कविता कहीं अपनों की तलाश करती है, कहीं श्मशान की सच्चाई बताती है। कहीं आदमी की बेहोशी को पहचानती है और कहीं प्रेम-प्रकाश का अभियान चलाती है। लेकिन सबसे बड़ी विशेषता यह कि उनकी कविता संवाद करती है तथा 'हर दिन नया सवेरा है' कहकर हताशा और निराशा के बादलों के बीच आशा और विश्वास का सूरज उगाती है।

प्रवीण कुमार 'अंशुमान' मेरे बहुत प्रिय हैं। मैं उनकी रचनात्मकता के पौधे को वृक्ष के रूप में विकसित होता देख रहा हूँ। इस काव्य-संग्रह 'मैं कवि-हृदय हूँ, कवि नहीं' के प्रकाशन के लिए मैं भाई अंशुमान जी को हृदय से बधाई देता हूँ और कामना करता हूँ कि उनकी कलम अथक रूप से चलती रहे और साहित्य को समृद्ध करती रहे।

• **जयप्रकाश कर्दम**
19 जुलाई, 2022
नई दिल्ली

विषय – सूची

काव्य-निर्झर

मुंगेर-महल

पावन है, मनभावन है, यह दिव्य-ज्ञान-मुंगेर-महल।
पुलकित, पुष्पित होता है, क़लम-कुम्भ जहाँ नित अविरल॥

जहाँ बुद्ध-ध्यान चहुँओर बहे, मिट्टी में जहाँ पे कीर्तन हो
जहाँ महावीर अभियान करें, चंद्रगुप्त का नर्तन हो
जहाँ योग-धुरी की परम-शिखा, कण-कण में होती हो विह्वल
जहाँ विक्रमशिला-नालंदा की, ध्वनि गुंजित होती हो प्रतिपल

पावन है, मनभावन है, यह दिव्य-ज्ञान-मुंगेर-महल।
पुलकित, पुष्पित होता है, क़लम-कुम्भ जहाँ नित अविरल॥

जहाँ धरा होती है सिंचित, नदियों की निज धार से
जहाँ विहंगम गुंजन करते, अपने स्वर-संसार से
जहाँ विपिन वातास लिए, करता हो जीवन को निर्मल
जहाँ सुरों की साज सजे, बनकर सुरम्य संगीत नवल

पावन है, मनभावन है, यह दिव्य-ज्ञान-मुंगेर-महल।
पुलकित, पुष्पित होता है, क़लम-कुम्भ जहाँ नित अविरल॥

जहाँ की ख्याति जगज़ाहिर हो, दिनकर रूपी नाव में
राज्य-नीति में दिए शिरोमणि, अपनी शीतल छाँव में

जहाँ की मिट्टी की ख़ुशबू में, सदा रहे बस चहल-पहल
जहाँ की शक्तिपीठ में, हो जाते हों हर एक धवल

पावन है, मनभावन है, यह दिव्य-ज्ञान-मुंगेर-महल।
पुलकित, पुष्पित होता है, क़लम-कुम्भ जहाँ नित अविरल ॥

तू भी तो है कृति उसी की

नील गगन का ध्रुव तारा भी
एक दिन माटी में मिल जाएगा,
शब्दों का अन्वेषक भी
दो पाटों के बीच पिस जाएगा,

तू क्यूँ मेरे जैसा हो
मुझमें ऐसी बात है क्या,
तू भी तो है कृति उसी की
यह तुझको कौन समझाएगा?

सूरज, जुगनू, तारे सब
बस एक उसी के अंश हैं,
केंद्रबिंदु के एहसास में
मिट जाते सारे दंश हैं।

कल फिर नया सवेरा होगा

कल फिर नया सवेरा होगा
जीवन एक और दिन छोटा होगा
कल फिर से एक राग उठेगा
जीवन फिर से जाग उठेगा
कल की तलाश में तू मत निकल
जीवन अभिलाषा को तू मत टाल
आज, अभी में जो जीता है
जीवन ही उसको बस पीता है
उसको जीवन क्या कह डालूँ
जो पल-पल घटता जाता है
जीवन तो है बस इस क्षण का नाम
यही एक राज़, सदा यह बतलाता है।

बारिश की फुहार

तृषा धरित्री की
शुष्क होकर
कर लेती है इंतेज़ार
और उस पर पड़ती
जब कभी
देखो, बारिश की फुहार
लेकर आती है
वो एक सोंधी-सी बहार
नासापुटों को अनायास ही
जो भर जाती है
अपनी ओट में
अंतर्मन को तो तर जाती है
उसके प्रभाव को
जो जी लेता है मन भर के
ओतप्रोत हो जाता
सबको वह अभिप्रेरित करके।

कवि नहीं, कवि-हृदय चाहिए

कवि नहीं, कवि-हृदय चाहिए
रवि नहीं, रोशन निलय चाहिए
कवि की अपनी सीमा है
हृदय होता है देख असीम
कविता बंध जाती है शब्दों में
भाव होता है अप्रतिम
कवि तो कभी भी, साथी
निर्बाध नहीं चल पाता है
चलता, थकता और बहकता
फिर जाकर रुक जाता है
कविता में सदा होता है
हृदय का ही एक निवास
फलित जहाँ हो जाती है
मनुष्य की देखो अदम्य प्यास
इसे न शिखर का होता पता
न खाईयों में होता इसका वास
ये विशुद्ध रूप से होती एक धारा
जो रहती है, बस चैतन्य के पास।

'मैं' तो सदा ही रहेगा

मेरे परिचय में
देखो 'मेरा' आ गया,
फिर तो मैं वो नहीं
जो मैं कहने चला था;
मैं कुछ भी कहूँ,
'मैं' और 'मेरा' आ ही जाता है;
जब कहूँ कभी कि – 'मैं बूँद हूँ'
या कहूँ कि 'मैं सागर हूँ',
देखो! फिर से इसमें भी 'मैं' आ गया;
या कहूँ गर कि 'मैं शून्य हूँ',
या कहूँ कि है 'शून्य ही मेरा अस्तित्व',
देखो! फिर से 'मैं' और 'मेरा' आ गया;
'मैं' से देख साथी,
लगता है कि मैं कभी बच पाऊँगा नहीं,
तब भी जब मैं सोचूँ कभी कि – 'मैं निरहंकार हूँ'
या फिर बारीकी से बोलूँ
कि निराकार ही है, 'मेरा' आकार
फिर भी दोनों के दोनों – 'मैं' और 'मेरा'
सदा हो जाते हैं फिर से उपस्थित,
हृदय मेरा शायद इसीलिए हो जाता है व्यथित;
और फिर मैं समझ गया कि –
'मैं' से मैं कभी बच सकता नहीं,

मैं से छूटना कभी होता सम्भव नहीं;
'मैं' है और सदा ही रहेगा,
तब भी, जब मुझमें 'मैं' नहीं होगा,
या तब भी जब मैं नहीं रहूँगा,
या कुछ भी कहने का प्रयास करूँगा,
'मैं' से छूटना तो कभी भी साथी संभव नहीं
चाहे बुद्ध ही क्यूँ न बन जाए कोई यहाँ पर कभी।

क्या तूने भारत जाना है?

अधरों पर बस लेप लगा के
कंधों पर बस बोझ उठा के
तुमको दम्भ बस दिखलाना है
क्या तूने भारत जाना है?

आँखों पर पट्टी ख़ूब चढ़ाकर
जग की माया को दिखलाकर
मन को तुमको भटकाना है
क्या तूने भारत जाना है?

अपनी तू बस प्यास बुझा ले
ढक्कन को बस तनिक हटा ले
इतना ही बस समझाना है
क्या तूने भारत जाना है?

सोंधी-सी ख़ुशबू की बहार

चलते-चलते अचानक
उस छोटे से पुल पर पहुँचते ही
पैर जैसे ठिठक-से गए हों
वो कल- कल करता
जल का शीतल प्रपात
जैसे करने लगा हो
कुछ मुझसे अनोखी बात
वो कोयल की कूकती आवाज़
जैसे बिठा रही हो कोई अद्भुत साज़
और फिर अचानक
एक हवा का झोंका
और पानी की मदमस्त फुहार
सोंधी-सी ख़ुशबू की बहार
वो ढलता सूरज, बहकती शाम
मद्धिम लालिमा, करती आराम
सैकड़ों उड़ते पंक्षियों का गीत
चल पड़ा हो अपने मन मीत
वो कुहासों के बीच से
बादलों का जमीं पर उतर आना
खुले आसमां को पूरा ढक जाना
और फिर अचानक उसकी याद

कौंधने वाली हृदय की फ़रियाद
कि आज तो फ़ुर्सत का दिन था
निकली थी उससे मिलने को
जो हर बार इंतेज़ार करता था मेरा
उसी खिड़की से बाहर देखता हुआ
जहाँ हमारी पहली मुलाक़ात हुई थी
और इस सफ़र की लम्बी जहाँ से
एक शुरुआत हुई थी।

महफ़ूज़

जैसे ही तुम कहते हो
'हे पुरुष! तुम्हारा प्रेम'
और फिर उसके प्रेम की
करते हो बातचीत
तत्क्षण भूल जाते हो फिर
क्या है प्रेम की असली रीत
क्योंकि प्रेम अपने आप में
उससे सम्बन्धित नहीं होता
जिसका वास्ता कभी
स्त्री के चित्त से नहीं होता
प्रेम जहाँ भी होगा
जिस ओर भी होगा
उससे बस ख़बर एक ही आएगी
एक ही आभा तो
प्रकट उसमें बस हो जाएगी
उसको बस एक ही शब्द
समझा पाया है
उर्दू में हमनें 'महफ़ूज़' होना
जिसे बता पाया है
जब-जब, जहाँ-जहाँ
किया जाएगा प्रेम को महसूस
निरपवाद रूप से
सब कुछ हो जाएगा महफ़ूज़
जिन्हें इस बात का कोई इल्म नहीं
उन्हें प्रेम के जज़्बात का कुछ पता नहीं।

माँ की ऐसी रीत

जन्म देने के उपक्रम से
जो भी चेतना जाती है गुज़र
उसमें आविष्ट होकर ही
माँ धरती पर आती है उतर
जीवन के तो इस विधान में
'माँ' से बड़ी कोई बात नहीं
बच्चे पैदा भर कर लेने से
माँ होने से होता कोई संवाद नहीं
माँ होना अध्यात्म जगत का
होता है सबसे ऊँचा शिखर
इस भाव से जो आविष्ट हुआ
वही होता है बस यहाँ प्रखर
माँ होकर भी कोई माँ से चूके
बिन माँ बने, कोई माँ बन जाए
कुछ ऐसी ही अतल गहराई में
माँ की सूरत यूँ ही ढलती जाए
माँ में तो होता है कुछ ऐसा ही गुण
समाविष्ट जहाँ हो जाए सब कुछ
संताप, विक्षोभ सब एक साथ
धुल जाएं जहाँ पर सारे दुःख
माँ के चरणों में कोई भी शब्द
पूरा कुछ भी कभी न कह पाए

शून्य-शिखर पर हो विन्यस्त
बस मंद-मंद ही हरदम मुस्काए
माँ की ऐसी रीत यहाँ पर
नहीं प्रकट हो पाए कभी मुख से
माँ को जो उपलब्ध हुआ सच में
वही हो पाए परिचित माँ के रुख़ से।

मोहब्बत फ़लसफ़ा है समन्दर का

गर धोखा ही था यार तो अब जाने दे
इतनी ज़हमत ख़ुद को मत उठाने दे,
गर समझ गयी तू मेरी मोहब्बत को कुछ इस तरह
तो मुझे भी कोई शौक़ नहीं ख़ुद का जनाज़ा उठाने में।
तू कहती है अब मोहब्बत तुझमें बची नहीं
तो देख शायद - तूने कभी मोहब्बत की ही नहीं,
मोहब्बत सुना है 'फ़लसफ़ा है समन्दर का'
जो एक बार मिला उससे, सुना है वो फिर बचा नहीं।
मेरे लफ़्ज़ों पर तूने ही, लगता है फ़रमाया था ग़ौर
मेरी ख़ामोशी को यार तूने शायद कभी सुना ही नहीं,
मैं निःशब्द होकर हर वक़्त तुझसे करता रहा गुफ़्तगू
पर तेरा ध्यान तो अफ़सोस कभी भी उस ओर गया ही नहीं।
ठीक है कि अब तू समझ गयी है मेरे प्यार को
पर किसी और को देख ये बात तू बताना नहीं,
धोखा तो मेरी फ़ितरत में कभी है ही नहीं
पर तुझे ये बात कभी पता चल सकी ही नहीं।
सुन, मुझे पत्थर समझने वाली बेग़ैरत माशूक़ा
मैं मकरंद हूँ, तूने नासापुटों में भरकर कभी मुझे देखा ही नहीं।

आदमी का अंधापन

आदमी के अंधेपन की
कोई सीमा नहीं होती
सामने कोयले को भी
वो हीरा समझ ले
और दूर से आती
हीरे की चमक को भी
चाहे तो नज़र-अंदाज़ कर दे
कोयले के धुएं को भी
धूप की ख़ुशबू बता दे
और कोहिनूर की महिमा को भी
खोटा सिक्का करार दे
अंधेरे में रहते हुए, साथी
आँखों का कोई इलाज नहीं
जब तक ना हो
ज़िन्दगी में उजालों की दरकार
तब तक सही-सही दिखने का
कभी होता नहीं कोई आसार।

प्रेम का पक्षी

चले थे मुट्ठी बाँधकर
हवा को पकड़ने
बाँधा,
और हवा निकल गयी बाहर
बस इतनी सी बात को
कोई भी प्रेमी,
कभी यहाँ तो समझ पाता ही नहीं,
रात दिन बाँधता है उसे
जो कभी भी बंध पाता नहीं...
और जब प्रेम मर जाता है
तो उसे सहता नहीं
करता है फिर शिकायत प्रेम से
भरोसा उठा लेता है फिर उस पर से
पर कभी नहीं सोचता
कि प्रेम का पंक्षी
उड़ता है बस खुले आकाश में
जीता है बस
अंतहीन प्रकाश में
जो भी उसे बाँधेगा
उसकी लाश ही वो बस पाएगा।

ज़िन्दगी को शिद्दत से जिया था

पीछे मुड़कर
जब कभी भी
मैं अपनी ज़िन्दगी को
देखता हूँ,
होती है
बड़ी तसल्ली
कि मेरी आँखों से
आँसुओं का
एक क़तरा भी
कभी यूँ ही छलका नहीं,
न होती है
मुझे कभी किसी भी बात की शिकायत,
न होता है
मुझे किसी बात पर कोई पछतावा ही,
ये तो बस
इसी बात का इक नतीजा था
वो ज़िन्दगी को
बड़ी शिद्दत से
हर पल, हर क्षण
क़तरा-क़तरा
जो मैंने हर पल जिया था।

प्रेम मुक्त करता है

प्रेम तो सचमुच
मुक्त कर देता है
आत्मा को तृप्त कर देता है,
प्रेम तो है आकाश
जो तत्क्षण विस्तीर्ण का
दर्शन करा देता है
प्रेम छोटे-छोटे कुओं की तरह
नदी-नालों और तालाबों की तरह
बिल्कुल भी कभी होता नहीं,
प्रेम तो होता है समंदर की तरह
जिसमें तैरने की ज़रूरत नहीं
प्रेम में तो सिर्फ मिटा जाता है
शून्य में स्निग्ध हुआ जाता है,
प्रेम तो मृत्यु है
और शायद इसीलिए लोग
प्रेम की सिर्फ़ बात करते हैं
और प्रेम करने से डरते हैं
पर यह भी सच है
कि प्रेम मुक्त करता है
बिना किसी शर्त के
बिना किसी फ़र्क़ के,
पर अफ़सोस!
जब भी प्रेम किसी का
दरवाज़ा कभी खटखटाता है
अक्सर किसी को भी वहाँ पर
कभी नहीं पाता है।

चलते-चलते राह में

चलते-चलते राह में
अचानक वह मिल गयी थी एक दिन,
देखते ही देखते
उसने पकड़ लिया था मेरा हाथ,
मगर फिर जल्दी ही
ऐसा वक़्त भी साथी आया,
जब वो दूर चली गयी मुझसे
सच में दूर... बहुत दूर...
मगर फिर भी आज,
जब कभी भी मैं अपने हाथ पर
अपनी नजरें फेरता हूँ,
यह देखकर अक्सर ही
बहुत हर्षित हो जाता हूँ –
कि उसकी उंगलियां
मेरी उंगलियों के बीच
आज भी ठीक वैसे ही
फँसी पड़ी हैं,
जैसे पहली मुलाक़ात में
उसने मेरी उंगलियों से
अपनी उंगलियों को मिलाया था
आज मुझको समझ आया है
कि उसने मेरे संग अनंतकाल का
एक अद्भुत रिश्ता बनाया था।

ख़ुशियों की बारिश

ठीक तुम्हारी तरह ही
मैंने भी अपनी गर्दन आकाश में उठायी है
तुम्हारी आकांक्षाओं की तरह
अपनी दोनों बाहें ऊपर फैलायी हैं
मुझे पोषित करने वालों ने
बड़ी शिद्दत से मुझको संवारा है
मैंने भी बदले में उनको
दिया अपने जीवन का वातास सारा है
जैसे तुम निकलते हो
हर रोज़ बनाने एक नया कीर्तिमान
मुझे भी होने लगता है
तुम पे फ़ख़्र और अभिमान
मगर कभी-कभी मुझ पर भी
उदासियों के बादल छा जाते हैं
जब कभी गर्दिश में
तुम्हारे सितारे मुझको नज़र आ जाते हैं
जब तुम्हारी चाल, तुम्हारे चेहरे के भाव
तुम्हारा हाल मुझको बताते हैं
तुम तक पहुँचने के जब सारे रास्ते
एकदम से मेरे खो जाते हैं
पर जिसने भी शिद्दत से मुझ पर
कभी भी अपनी नज़र गड़ाई है

उन पर ख़ुशियों की बारिश
तत्क्षण ही सदा हो आयी है
मुझे तो साथी तुमसे
बस इतना-सा ही कहना है –
कि अपनी जड़ों को ज़मीन में गड़ाकर ही
कभी भी आकाश में बहुत दूर तलक उड़ना है
इतना-सा काम जो कोई भी
अपने जीवन में कर जाता है
चिंता, तनाव और उदासी को
वो कभी भी, अपने क़रीब नहीं पाता है।

ज़िन्दगी, ज़िन्दगी के सहारे ऊपर उठती है

ज़िन्दगी, ज़िन्दगी के सहारे ऊपर उठती है।
इसी फ़लसफ़े को, बार-बार वो सबसे कहती है॥

जाम भी तभी छलकता है ज़िन्दगी में,
जीवन भी तभी जाकर व्यतीत होता है बन्दगी में।
जब ज़िन्दगी ही ज़िन्दगी को पढ़ती है,
ज़िन्दगी, ज़िन्दगी के सहारे ही ऊपर उठती है॥

ज़िन्दगी दर्ज हो जाती है जब किताबों में,
शब्द लगते हैं तैरने जब कभी ख़्वाबों में।
किताबों के सहारे फिर उतुंग शिखर ये छूती है,
ज़िन्दगी, ज़िन्दगी के सहारे ही ऊपर उठती है॥

काग़ज़ पर अंकित जब कभी शब्द हो जाते हैं,
युगों-युगों तक जीवन की कथा वे सुनाते हैं।
फिर निर्झर सरिता दर्शन की, कल-कल करती बहती है,
ज़िन्दगी, ज़िन्दगी के सहारे ही ऊपर उठती है॥

किताबों ने सार सूत्र जीवन का सबको बताया है,
किताबों से गुज़रकर दुनियाँ ने बहुत कुछ पाया है।
किताबें, शब्दों के पार जो है, उसे शब्दों से कहती हैं,
किताबें, किताबों के बहाने ही आगे बढ़ती हैं॥

ज़िन्दगी, ज़िन्दगी के सहारे ही ऊपर उठती है।
इसी फ़लसफ़े को, हर बार सबसे वो कहती है॥

आभा रजनी के ईश की

'प्रेम' व 'ध्यान' का पंख लगाकर
नव-संन्यास लेकर आया वो,
मानवता का पाठ सिखाकर
सबको भगवान बनाने आया जो;
दुनियाँ जिसकी आँखों में देख
हो जाती थी पागल व मतवाली,
उस रजनी के ईश की आभा
हतप्रभ होकर सबने जानी;
इस सदी में आकर उसने
सब पर गहरा एक एहसान किया,
इस जीवन की भूलभुलैया को
थोड़ा जीना और आसान किया;
उसकी मदिरा का जो कर लेता है पान
वो बिल्कुल अलमस्त हो जाता है,
ऐसा नशा उस पर चढ़ता है साक़ी
फिर नहीं कभी जो उतर पाता है;
पूरी दुनियाँ को अपने शब्दों से
जिसने घायल करके छोड़ दिया,
गति अपनी तुम ख़ुद ही देखो
जीवन रुख़ को अपने भीतर मोड़ दिया;
वो आभा आज भी है मौजूद यहीं पर
नज़र झुकाकर तुम देखो एक बार,
'क्षण' में जीवन को जगाकर बस
कराने आएंगे ख़ुद वो भव सागर के पार।

मैं अपने दिल की प्रीत लिखूँगा

गीत लिखूँगा
मन-मीत लिखूँगा
सुन लो मेरे यारों!
मैं अपने दिल की प्रीत लिखूँगा,
गर नागवार हो
किसी को मेरी बातें
तो उन बातों पर
मैं अपनी जीत लिखूँगा,
तुमने दिए हैं मुझे
हज़ारों एहसास
उन एहसासों पर
ख़ूबसूरत संगीत लिखूँगा,
लफ़्ज़ों को छेड़ता हूँ
मैं जानबूझकर
उनसे बस तेरे-मेरे काम की
लाखों चीज़ लिखूँगा,
गीत लिखूँगा
मन-मीत लिखूँगा
सुन लो मेरे यारों!
मैं अपने दिल की प्रीत लिखूँगा।

दफ़ा और जफ़ा

क्यूँ चलते हो
तुम गज़ल लिखने
जब हर्फ़ तुम्हारे
हर दफ़ा
दफ़ा हो जाते हैं,
क्यूँ अफ़सोस है
उस जफ़ा पर
जो हर दफ़ा ही देख
बेवफ़ा हो जाते हैं,
जब इतनी वफ़ा पर
है कितनी जफ़ा...
वो भी हर दफ़ा
तो क्यूँ सिर पीटते हो
हर दफ़ा
तुम साक़ी बनकर वफ़ा।

मंज़िल

मंज़िल पर
आँसू झरते ज़रूर हैं,
लहू बहते ज़रूर हैं
मगर वो आँसू,
न तो आँसू होते हैं
और ना ही टपकते हुए लहू,
वहाँ तो
बस आनन्द झरता है,
पता नहीं
कोई इसे बयाँ
कैसे दुःख में करता है
तुम्हीं बताओ,
अब क्या करूँ मैं
उन भावनाओं को
जो समाते नहीं शब्द में
कैसे कहूँ फिर मैं।

मेरी सबसे प्यारी "याशी"

सत्कर्मों की
एक लम्बी शृ़खला
ज़रूर बसी होगी
मेरे जीवन-रथ पर,
धीरे-धीरे
एक-एक करके
खिंची होगी सख़्त लक़ीर
मेरे जीवन रूपी पथ पर,
ख़ज़ानों का पिटारा भी
निश्चित ही वहीं पे कहीं गड़ा होगा,
मेरे हृदय पे राज़ करने वाला
जहाँ पे बड़े हठ से खड़ा होगा,
"डैडी" बुलाए जाने का सुख
तो मेरे लिए
देख, सारे लोकों के पार है,
तर गयी हो आत्मा जिससे
उसी के इर्द-गिर्द रचा-बसा
मेरा भरा पूरा संसार है,
कमाल की होगी
निश्चित ही मेरी राशि,
जिसमें बेटी बनकर प्रविष्ट हुई
मेरी सबसे प्यारी "याशी"।

मैं भटक नहीं कभी सकता हूँ

सूरज की एक गरिमा है
चाँद की भी तो अपनी एक महिमा है
सूरज पैदा है 'सूरज' होने को
चंदा भी है बस ख़ुद में ही खोने को
क्यूँ मुझको कोई पथ से भटकाए
राह विपरीत क्यूँ मुझको दिखलाए
क्या है तेरे आशियाने में आज
जिसका छुपा है मुझसे राज़
मैं अपनी मिट्टी में पूरा ही हूँ आविष्ट
अपने केंद्र में ही हूँ सदा संश्लिष्ट
मैं भटक नहीं कभी सकता हूँ
सूरज को जो अपने भीतर रखता हूँ
अपने पथ को खोकर कभी
मैं कुछ भी अन्यत्र,
स्वीकार नहीं कर सकता हूँ।

कब तक भागेगा

स्मरण यदि सचमुच आ जाए
तो मौत दूर छिटक जाती है
ख़ुद से दूरी यह बताती है
कि स्मरण अभी तक बाक़ी है
कैसे कह दूँ है डरावना
मौत के पास जाना
विस्मृति के गर्भ में
कैसे कह दूँ क्या-क्या मैंने जाना
अभी प्रणव दा चले गए
याद फिर से दिला गए
कब तक हम झुठलायेंगे
जीवन को हम बहकाएंगे
मौत है देखो - अभी और यहीं
ये बात है एकदम सही
बस देख तू गौर से इस जीवन को
मौत से होती विभत्स अनबन को
देख ले कि तू भी खड़ा है
बस उसी कतार में
कोई आज गया
और कोई जाएगा कल
कब तक भागेगा,
जब जाना ही है एक दिन निकल।

समय कभी था ही नहीं तेरे उपवन में

दीवाल पर टंगी घड़ी को देख,
उसे समय का पहिया मत समझ लेना;
ये तो बस एक गति का गुलाम है,
इसमें ज़िन्दगी का नहीं होता परिलक्षित कहीं नाम है;
असल ज़िन्दगी का पहिया तो घिसता है,
पंचर भी होता है, और एक दिन फट भी जाता है;
वैसे तो बंद घड़ी भी दो वक़्त सही समय बताती है,
पर ज़िन्दगी की घड़ी तो, हर घड़ी बस सताती है;
ये वक़्त भी ना, कितना बेवक़्त होता है,
कभी तेज, तो कभी तान के सोता है;
जी करता है कि पूछ लूँ आज समय से,
कब ठहरेगा तू, कब शान्त होगा पूरे मन से;
और फिर आश्चर्य से समय मुझसे बोल पड़ा,
कि तू मुझे कहाँ-कहाँ ढूँढ़ता है?
बार-बार किस ओर, मुझे खोजता है?
तू ख़ुद क्यूँ नहीं जाता है ठहर,
बस यहीं पर, बस इसी पहर;
क्यूँ भटकता है तू हर दिन शहर-शहर,
क्या तुझे नहीं होता महसूस मेरा कहर?
एक बार ज़ोर से कह दे अपने मन को,
रुक! ठहर जा! कहीं नहीं है यहाँ जाने को;
बस एक बार तू देख, अपने शांत मन में
'समय कभी था ही नहीं', तेरे उपवन में।

अदृश्य की अनुपम एक अनुकृति

अलक्षित धुर्वों के मध्य
विचलित मानव-पथ
निरन्तर गतिमान
और स्थिर होने में असमर्थ
धैर्यवान और अधीर दोनों एक साथ
विचित्र और विशिष्ट
वैश्विक और व्यक्तिवाची
विभेदक और बचावकारी
वैपरीत्य को अंगीकार किए
प्राचीनतम को समाविष्ट किए
सृष्टि की वो कृति है
जो अदृश्य की अनुपम एक अनुकृति है
पर जिसके गर्भ में समाहित
आकाश की परिधि को
निरन्तर विस्तीर्ण होते देखा गया
मगर जिसे पूर्णरूपेण समझने में
अनन्तकाल तक
काव्य की अनंतधारा सदा खोती रही
और फिर भी शायद
वो जो उसमें
सदा अनकहा छूट जाता रहा है
वो सदा की तरह इस बार भी
मेरे कह देने के बावजूद भी
अनकहा और अनदेखा छूट जाएगा।

मैं फ़िक्र नहीं करता

मैं फ़िक्र नहीं करता
उसकी, जिसकी क़ीमत
कौड़ी के भाव भी
होती नहीं
मैं तो च्युत भी नहीं
रखता ख़ुद को कभी
बेख़बर होकर उससे
जो बात होती है
बिल्कुल ही सही
क्योंकि मैं तो कहूँगा वही
जो बात है सही
और अहम के वहम का
जिसकी ओर तुमने
आज किया है इशारा
मुझे तो उसके बाबत
कुछ पता है भी नहीं।

उजाला तब भी तो था

कुछ एक शब्द तो
नहीं थे मात्र वे सब
जो कहा करते थे
तुम हमेशा मुझसे,
पीछे मुड़कर देखने पर
पाता हूँ हर वक़्त
ख़ुद में हो गया है
कहीं कुछ बिल्कुल ही सख़्त
पता है उन शब्दों में
तो साथी ज़रूर कुछ बात थी
उजाला तब भी तो था
जब घुप्प अंधेरी रात थी
उन्हीं पलों की ओट में अब
प्रतिपल जीवन मेरा कटता है
तेरे होने से ही तो
मेरे जीवन को रस मिलता है।

न जाने क्या ढूँढ़ते हैं?

क़ब्र में भी जाकर
कुछ लोग तो सदा
न जाने क्या ढूँढ़ते हैं?
जिनको मिला नहीं
ज़िन्दगी में कुछ भी
वो सब्र में भी
न जाने क्या ढूँढ़ते हैं?
इतनी तीव्र है
आदमी की बेहोशी यहाँ
उजड़ते गुलिस्तां के बीच भी
कुछ लोग सदा ही
न जाने क्यूँ बस
शिकायत ढूँढ़ते हैं।

आज पूरा शहर रो रहा है

आज पूरा शहर
रो रहा है,
प्रतिपल अपनों को
खो रहा है,
न जाने किसकी
यह ज़िम्मेदारी है?
डर लगता है कि
अब आयी किसकी बारी है?
मौत का ताण्डव
न जाने कब रुकेगा!
मानव के सामने
ये दानव कब झुकेगा!
अब तो मेरी बस
सबसे यही है गुहार,
मन को मज़बूत रखकर
बस बचाना है,
जीवन को इस बार।

प्रेम जब हो जाता है परिपक्व

मत बोल कभी भूलकर भी
कि दिल के पास आँखें नहीं होती,
दिल की नज़र को समझने की
तो साथी! दिमाग के पास औक़ात नहीं होती,
दिल सिर्फ़ दिल ही नहीं होता
दिल लगाकर कोई बस नहीं है रोता
दिल की डगर के भी बड़े अफ़साने हैं
दिल की दुनियाँ में भी एक से एक दीवाने हैं
अब अगर तूने दिल को समझ लिया अंधा
तो तुझे शायद अभी तक मिला नहीं सच्चा कोई कंधा
दिल की दुनियाँ में दिल की बादशाहत होती है
दिलवालों की अस्मिता तो कभी भी नहीं खोती है
थोड़ा वक़्त तो लग ही जाता है
प्रेम भी जब परिपक्व हो जाता है
ख़ुशियों की बहार फिर बहती है
दिल की बात जो फिर कहती है
प्रेम की उत्पत्ति हृदय में नहीं
हृदय की उत्पत्ति प्रेम से होती है
इसे समझने वाले को ही तो
प्रेम से कभी शिकायत नहीं होती है
वरना हर ओर देखो मचा कितना शोर है
प्रेम की नगरी में भी छाया अंधेरा घनघोर है।

अनपढ़ ही तो पढ़ पाया

अनपढ़ ही तो पढ़ पाया,
सारे जग की रीत।
पोथी-पत्री के ज्ञान से,
कब जानी किसने प्रीत ॥
डिग्री की डिग्री को,
माने आज ज़माना जो।
क़िस्से कोरे काग़ज़ का,
ख़ूब मन से पढ़ता है जो ॥
चेतना का वो आकाश,
विस्तीर्ण इतना होता है।
नभ तक कोई छोर नहीं,
गर होश में कोई जब होता है ॥
डिग्री को ज्ञान समझना है,
इस जगत् की सबसे बड़ी भूल।
"ज्ञान" स्वयं है असली डिग्री,
बाक़ी सब तो है बस धूल ॥

किश्ती को ख़ुद ही खेना है

ग़ज़लों में
क्यूँ उलझें ही हम,
जब हर्फ़ की कुफ्र में
जा सकते हैं,
दरिया को समंदर
क्यूँ बोलें?
जब दरिया में ही
पा सकते हैं...
पलकों का इशारा
जो समझे,
वो पहर के सहर में
क्यूँ खोवे?
जब किश्ती को
ख़ुद ही खेना है,
तो अदब के बादल में
क्यूँ रोयें?

किरोड़ीमल की शान में

एक अरसा बीत गया
मुझे तुम्हारे साथ मिलकर हँसे हुए
एक भावपूर्ण आलिंगन में तुम्हारे साथ कसकर बँधे हुए...
कुछ लोग मेरे क़रीब थे, मगर बहुत पहले
जिनके साथ देखे थे मैनें भी, सपने कभी सुनहले
जो मुझे देखकर हर रोज़ ही मुस्काते थे
मेरे बारे में बातें करके, अपना प्रेम वो जताते थे
मेरे लिए खाद, पानी भी समय-समय पे लाते थे...
उन्होंने बड़े प्यार से मुझे यहाँ पे लगाया था
किरोड़ीमल की शान में, मुझे भी हिस्सा एक बनाया था...
पर बड़े वक़्त से मैं खड़ा हूँ एक इसी इंतेज़ार में
कोई मुझे भी बोले 'हेलो' और पड़े मेरे प्यार में...
पर हर रोज़ ही मैं उदास हो जाता हूँ
जब किसी को मुझसे बात करते नहीं देख पाता हूँ
शिकायतें ज़रूर कोई न कोई मुझसे कर जाता है
जब मेरा फल उसके कार के शीशे पे कभी गिर जाता है...
पर मैं तो चिलचिलाती धूप में 'छाँव' सदा देता हूँ
तपिश को ठण्डा कर 'गाँव' सदा देता हूँ
मगर एक लफ़्ज़ भी नहीं, निकलता मेरी तारीफ़ में कभी
लोग ऐसे निकल जाते हैं, जैसे कि मैं हूँ ही नहीं;
उपेक्षा तुम्हें भी नागवार है, और मुझे भी
पर तुम्हें सिर्फ़ अपनी परवाह है, मेरी नहीं

तुम्हारे न जाने कितने क़िस्सों को
मैं अपने पड़ोसियों को हर रोज़ ही सुनाता हूँ
तुम्हारी ख़ुशी, तुम्हारे ग़म, तुम्हारे चेहरे की शिकन
सब कुछ उनसे साझा कर आता हूँ...
पर मेरी तरह वे भी सदा ही उदास हैं
तुम्हारी बेरुख़ी का उन्हें भी तो पूरा एहसास है...
मुस्कुराके बस एक 'हेलो' भर बोल देने से, हमारा काम चल जाएगा
बरसों की मेरी तड़प को, थोड़ा-सा आराम मिल जाएगा
हम भी कह सकेंगे – कि हमारी ज़िन्दगी में भी ख़ुशियों के संयोग हैं
हमें भी चाहने वाले, इस दुनियाँ में बड़े लोग हैं।

बेहोशी का जाम

बड़ी मुश्किल से देख
आदमी ने कभी यहाँ
अपना मिज़ाज बदला है;
मौत तो सदा से है
कोई आज ही तो नहीं
उसने अपना पट खोला है,
अंतिम में तो जाकर
मौत ही करती है
यहाँ पर सारे निर्णय;
जीवन से भागना हो
या यही पर हो जागना
मौत से होता है सबका परिणय,
चाहे बुद्ध का ज्ञान हो
या हो कृष्ण की गीता
आदमी अपने वहम में जीता है;
आदमी की अपनी क़िस्मत में
हर वक़्त ही सदा यहाँ पर
वो बेहोशी का जाम पीता है,
तू बहुत ज़्यादा उम्मीद
किसी बड़ी बदलाहट की
मत कर साथी आदमी से;
आदमी से ज़्यादा बेतुका
नहीं होता है कोई
देख, यहाँ पूरी कायनात में।

दर्द जहाँ पे रिसता है

स्पर्श करने का
हर वक़्त यहाँ पर कोई
सुखद एहसास नहीं होता,
ज़िन्दगी का हर क़िस्सा
मेरी इच्छा का
मोहताज नहीं होता;
कितनी कहानियां
मजबूरियों के एहसास से
सनी होती हैं सदा,
कुछ लिपट कर
सारी उंगलियों से
शालती हैं सदा;
एक अकथ कहानी की
पीड़ा का हर वक़्त
दर्द जहाँ पर रिसता है,
चूल्हे-चौके पर ना जाने
कितनी बेटियों का हाथ
रोज़ यहाँ पर घिसता है;
सर्दियों की कपती
ठंड में बर्तन धुलना
कैसा देख लगता है?
पोछे की बाल्टी में

हाथ डालकर, घर संवारना
देख, कैसा लगता है?
इसीलिए कहता हूँ
हर स्पर्श का यहाँ पर
सुखद एहसास नहीं होता,
हर कोई यहाँ पर
इस बात को अंतर्तम से
समझ भी नहीं सकता।

नि:शब्द की गूँज

शब्दों को,
देखा है तुमने?
अमानिशा की गोंद
से नीचे उतर
अधरों को तौलकर,
जब शून्य का शिखर
होता है आतुर,
बस बह जाने को
कुछ अस्पर्शित सत्य
कह जाने को,
शब्द, सीमा में आकर
खो देता है अपना
निपट स्वभाव
जो मिश्रित था उसमें कभी
'न' होने की परिधि को
जब देता है वह छोड़
सारे बंधनों को तोड़,
करता जब प्रवेश उस 'होने' में
अपने कवच को तब लग जाता वो 'खोने' में
मिट जाता है जब
शून्य-परक उसका अस्तित्व
बन जाता तब वह 'शब्द'

जिसे सुना गया, देखा गया
मगर कभी भी
जिसे देख, नहीं समझा गया,
शब्द, निःशब्द की गूंज में
आविष्ट जब-जब, साथी होता है
तब निरंतर ही, वो अपने वजूद को
कभी नहीं तब खोता है।

हर प्रश्न का जवाब नहीं होता

हर प्रश्न का जवाब नहीं होता
यह बात तो वैसे ग़लत है
फिर भी सही है
क्योंकि हर प्रश्न का जवाब होकर भी
असल में जवाब नहीं होता
क्योंकि जवाब, जवाब देने वाले पर
निर्भर नहीं करता
यह करता है निर्भर, सिर्फ़ उस पर
जो जवाब को लेने वाला है
उसको सुनने वाला है;
यदि सुनने वाले की तैयारी ना हो
तो जवाब हो जाता है व्यर्थ
खो जाता है उसका सारा अर्थ,
अच्छे से अच्छा जवाब देने वाला
मूर्ख हो जाने को प्रतिबद्ध हो जाता
अब बुद्ध से बड़ा जवाब देने वाला
इस पृथ्वी पर कौन, कब, कहाँ हुआ
मगर वह भी जब कहीं जाते थे
11 प्रश्नों की सूची पहले ही भिजवाते थे
नहीं कि उनके पास जवाब नहीं था
क्योंकि मूर्खों के पास भी तो कुछ सवाल था
याद रहे हर प्रश्न का जवाब है
मगर यह जवाब देने वाले पर नहीं है निर्भर
क्योंकि उत्तर सदा आश्रित है
उत्तर को सुनने वाले पर।

क्या लेकर आये थे, क्या लेकर जाओगे?

जायदाद, ज़मीं की बात करते हो
क्या लेकर आये थे, क्या लेकर जाओगे?
मैंने तो बस इतना ही कहा –
जो आता है, वो कुछ दिन रहता भी है
और जो जाता है, वो किसी को भेजता भी है
जो आता है, वो हवा में नहीं रहता
कुछ गज़ ज़मीन वह भी खोजता है
आशियाना बनाकर उसमें रहता है
छोड़ जाना चाहता है एक याद अपनी
देखों! सिर्फ़ मैं जिया ही नहीं
तुम्हारी फ़िक्र भी किया
तुम उस घर में बैठकर घर खोज लेना
घर मिल जाए जिस दिन
फिर उनके लिए एक घर छोड़ देना
तलाश तो वे भी वही कर रहे हैं
जो खोज रहा है हर आदमी
कुछ को पता है, तो कुछ
लापता ही शहर-शहर घूम रहे हैं
बस इतना कहने से काम नहीं चलता
क्या लेकर आए थे, क्या लेकर जाओगे?
वैसे तो कोई कहीं जाता नहीं
पर इतना भी जान लेना तो आसां नहीं

आदमी विराट है, विस्तार चाहता है
इसलिए इतना कारोबार, वो बनाता है
फ़िक्र अगर सिर्फ़ ख़ुद की हो
तो चला लेता वो काम किसी तरह
पर जो आएगा उसे बेफ़िक्र करने में
छोड़ जाना चाहता है कुछ, किसी भी तरह।

कुछ तुम हमसे सीख लो, कुछ हम तुमसे सीख लें

छुप-छुपकर रहने का भी
अपना एक अलग ही मज़ा होता है
दिल को फ़र्क़ नहीं पड़ता
गर कोई प्रशंसा में कभी कुछ नहीं कहता है
मैंने भी अपना ढेर सारा वक़्त
इस अनूठे प्रांगण में बिताया है
पर्दे के पीछे से हज़ारों क़िस्सों को
गहराई से ख़ुद में बसाया है
आओ! मेरे पास भी बैठ लो थोड़ी देर को तुम
मैं तुम्हें वो सारी बातें आज बताऊँगा
जो क़िस्से रह गए अनसुने यहाँ
एक-एक करके वो सब तुमको सुनाऊँगा
ज़िन्दगी तो बड़ा जटिल एक क़िस्सा है
समझना उसे इतना आसान नहीं
पर किरोड़ीमल की परिधि में आकर
कुछ भी असम्भव-सा लगता भी नहीं
गर ज़िन्दगी में अकेले हो, तो ख़ुश रह लेना अकेले
यूँ ही चलते रहते हैं इस ज़िन्दगी के सारे रंगीन मेलें
गर साथ चलने का आता हो तुमको सलीक़ा
तो शिद्दत से उसे निभाने का सीख लेना तुम तरीक़ा
वरना असल में ज़िन्दगी तो ख़ुद में ही बसती है
अंत में जाकर यही एक सत्य सबसे वो कहती है
ख़ुद में रमना जो यहाँ पे सीख लेता है
वही ज़िन्दगी को असली प्रीत देता है
आओ! साथ बैठकर ये सूत्र हम समझ लें
कुछ तुम हमसे सीख लो, कुछ हम तुमसे सीख लें।

कहता हूँ ख़ुद को अज्ञानी

कहता हूँ
ख़ुद को अज्ञानी
ये बात सदा
मैंने है जानी
ज्ञान तो है
एक बृहद सागर
शून्य भी है
एक भवसागर
शून्य जानकर तो मैं
बस खो जाता हूँ
बोलो कैसे फिर
ज्ञानी कहलाता हूँ?
गर कोशिश करूँ
ज्ञानी बनने की
हर पल कुछ न कुछ
जानने की
तो फिर जो कुछ भी
मैं जान सकूँ
बता, उसे अपना
कैसे मैं मान सकूँ?
फिर भी गर बोलूँ ख़ुद को ज्ञानी
थोड़ा बहुत जानकर

तो इस ज्ञान की क्या बिसात
शून्य के समक्ष आकर
इसलिए फिर से एक बात
बारम्बार सदा मैं दुहराता हूँ
मैं ख़ुद को सदा-सदा
अज्ञानी ही बताता हूँ।

गर नहीं आए होते तुम

जब से मिली है इजाज़त
तुमसे रू-ब-रू होने की
बताने की शायद हमको ज़रूरत ही नहीं
कि हमारी पूरी दुनियाँ तब से बदल ही गयी,
हम ख़ुद को लगे तराशने
पूरे शबाब में अलमस्त होकर लगे नाचने;
कहीं न कहीं खो तो ज़रूर गया था
जिसे हम फिर से लगे आज पाने,
हाँ, ठीक समझते हो तुम
मैं तुम्हारी ही बात हूँ कर रही
तुमने दिया हमें हमारा वजूद
जो था हमारे लिए ज़रूरी और सही,
आज देखो हमारे क़दम भी
तुम्हारे क़दम से क़दम मिलाने लगे
वे फूल जिन्हें दुनियाँ ने कभी देखा नहीं था
उन्हें भी एक साथ आज खिलाने लगे,
किसको कहें अब हम शुक्रिया
जिसने तुमको हमसे मिलाया है
हमारे अस्तित्व की वीणा को
जब हमने शिद्दत से ख़ूब बजाया है;
गर नहीं आए होते तुम
हमारी ज़िन्दगी में क़िताब बनकर
तो जो ख़्वाब हम देख रहे आज
वे सारे उड़ जाते एक ख़्वाब बनकर।

एक बार मुझसे तुम बात करके तो देख लो

हर रोज़ ही एक आस लिए
ख़ुद की ज़िन्दगी को मैं जीता हूँ
ग़म का एक गाढ़ा जाम भी मगर
लगभग हर रोज़ ही मैं पीता हूँ
हरेक दिन सुबह से ही मेरे आस-पास
चहल-क़दमी मच जाती है
हज़ारों कहानियों का फ़लसफ़ा
हर रोज़ जो मुझको सुनाती है
मैंने देखा है तुमको रोज़ भागते हुए
कभी कैंटीन, कभी लॉन, कभी लायब्रेरी
और कभी-कभी क्लास भी जाते हुए
मैंने तुम्हारे अफेयर्स भी देखे हैं
क़िस्से दिलों के जो तुमने कभी किसी से कहे हैं
मैं तुम्हारे घरेलू हालातों से भी वाक़िफ़ हूँ
तुम्हारे मन के तहख़ानों का भी मैं साक्षी हूँ
मुझे वो भी पता है जो तुमने किसी से अब तक कहा नहीं
मन की बातें मन में ही जो तुमने आहिस्ते से दबा ली
मैं तुम्हारे सारे मनोभावों को
बड़ी शिद्दत से महसूस करता हूँ
पर तुम्हारे अरमानों का पिटारा
किसी के सामने कभी नहीं खोलता हूँ
तुमसे हर रोज़ कुछ कहना होता है मुझको

पर मेरी सारी बातें अनसूनी रह जाती हैं
लाख कोशिश करने पर भी
तुम तक कभी भी वो नहीं पहुँच पाती हैं
पर मुझसे बड़ा तुम्हारा कोई दोस्त नहीं है यहाँ
बस एक बार मुझसे तुम बात करके तो देख लो
मेरे पास विशुद्ध प्रेम के सिवाय
कुछ और नहीं है दोस्त तुम्हें देने को।

मौत और समझदारी

कल्पनाओं के जगत् में
ख़ूब धूनी है रमाता
यथार्थ पर कभी भी
कुछ भी नहीं कर पाता
ऊहापोह में बसर करता है
ज़िन्दगी को नहीं समझता है
हे रसेल!
काश! तेरी आकांक्षा
हो जाती पूरी
पर मानव तो
बनाता है
ख़ुद के बीच
ख़ुद से ही दूरी
तेरा डर भी
बड़ा जायज़ है
तेरे हाथों में लहराता
संजीदगी का ध्वज है
तेरे तर्कों से
हम रखते हैं इत्तेफ़ाक़
आदमी की हरकतें
सचमुच हैं बड़ी नापाक़
मौत और समझदारी के बीच
गर चुनने की आ जाए बारी
तो आदमी सदा ही चुनेगा
अफ़सोस! मौत को ही।

श्मशान की सच्चाई

श्मशान की
सच्चाई से,
कौन है यहाँ
जो रू-ब-रू नहीं
मौत से मुलाक़ात
तो तय है,
देख साथी!
कभी न कभी,
श्मशान जिस दिन
आदमी के उठने के पहले
आ जाता है घर
जीवित होकर
उसी दिन
निकल जाता है
आदमी सदा के लिए
श्मशान के बाहर
संसार को खोकर।

वाणी का बाण

वाणी का बाण भी चुभता है
जब शून्य शिखर पर होता है
काग़ज़ की नाव का भाव भी
जब सीने पर आकर चलता है
प्रेयसी तो कभी उस पार न थी
न था कोई घर उसका अपना
जो देख ले इस छोटे से आंगन को
घर भी उसका, द्वार भी अपना
डफ़ली बजाने में कोई हर्ज नहीं
पर क्यूँ खोते हो ज्ञान को तुम
मैंने भी तो लिया कभी क़र्ज़ नहीं
पर पागलपन का क्यूँ बोते हो अज्ञान तुम
गर इतने अल्प से ही बस हो लेता
ख़ुश किसी का भी यहाँ चितवन
तब तो कविता ऋचा न बनती
न बनाती कभी वेदों का उपवन।

कौन है उस पार?

कौन है उस पार
किसको मिलने आना था
जो ख़ुश है सचमुच
उसे कहाँ फिर कहीं जाना था
न कोई नाव है,
न कोई है दरिया,
न कोई है खेवनहार,
और न है कोई ज़रिया,
दर्द का भी
क्या कोई नसीब होता है
ऐसा कब, कहाँ होता है
जब कोई क़रीब होता है
डूब के ही तो
सदा तिरता है वो
कब कौन बचा है यहाँ
जो कहता है –
दर्द को बस वही एक सहता है।

अपनों की तलाश

अपनों की तलाश करते-करते
हर कोई थक-सा जाता है
देखते हो ये अजीब-सा तमाशा
जो हर किसी की
ज़िन्दगी में आता है
आदमी प्रेम को रोककर
करता है खोज
ज़िन्दगी को ढूँढ़ने
जो निकलता है रोज़
पर जानता नहीं इस बात को
ख़ुद में निहित उस राज़ को
प्रेम तो ख़ुद ही
ख़ुद का दर्शन कराता है
भटककर मुसाफ़िर
जब घर को लौट आता है
जिसकी दुनियाँ
दिल में बसती है
जो हर भाव, संवेग को
बख़ूबी समझती है
उससे कराता है
यह सबको रू–ब–रू
प्रेम से ही तो बस
होता है ये सब शुरू।

मूक हो जाता है मन

मूक हो जाता है मन सभी का
जब कहनी हो सच्ची बात
जो घर कर जाती है
हर एक अंधेरी रात

दिल के आशियाने को क्यूँ करते हो बंद
कर लो कुछ सच्ची बात
कुछ पल के लिए ही सही
छोड़ दो तुम वो पुरानी बात

जीवन ऐसे ही निकलकर, जाता है फिसल
कब होगी दिल की बात
जो मन में बैठ गया है बन के ग़ुबार
लगाकर कबसे गहरी घात

मूक होना अब छोड़ दो तुम
आओ मिलकर कुछ कर लें बात
जो अब तक दिल में छुपा रखा था
उस पर से पर्दा हटा लें आज।

संवाद-शिखर

संवाद-शिखर पर
होकर विन्यस्त,
कभी न होता हो
जिसका सूरज अस्त;

जो हर रोज़ नए
अभियान पे रहता,
राष्ट्रहित की बातें जो
सदा-सदा ही कहता;

जिसकी प्रत्यंचा पर
हर पल होकर सवार,
शब्द प्रकट करते हैं
प्रतिक्षण ही जिसका आभार;

रण में जिसकी
देखो, हुँकार मची है,
तर्कों में जिसने
सदा ही सच्ची बात रची है;

हम सबके बीच में आकर
बता गए जो सहर्ष ही आज,

शब्दों की माला में गूँथकर
निज हर्षित होने का राज़;

उस मनोयोग के स्वामी को
करता हूँ मैं हर पल प्रणाम,
जिनके शब्दों से आविष्ट होकर
आज सजी हम सबकी शाम।

मंत्रमुग्ध स्वयं जगदीश

शिखर भी हो जाए
जब बौना प्रतीत,
शब्दों में समा जाए
जब पूरा अतीत;

जब भविष्य का आमुख
कोई बन जाता हो,
साहित्य पटल पर जब कोई
दृढ़ता से साथी तन जाता हो;

जब क़िस्सों में चले
बस उसकी ही बात,
जिसकी वाणी से
कट जाए घनघोर अंधेरी रात;

वाणी भी झुककर
जब माँगे आशीष,
सुनकर जिसको मंत्रमुग्ध
हो जाए स्वयं जगदीश।

जब हो प्रकट चन्दन की
आभा देखो निर्लिप्त,

अनुभूति पाकर जिसकी
चितवन हो जाए संतृप्त;

विराट शिखर के इस प्रहरी का
करता हूँ मैं दिल से गुणगान,
अज्ञात शिखर का जो हरदम
करता रहता है प्रतिपल अनुसंधान।

काव्य-निर्झर – 53

वाक् सुधा में प्रख्यात-प्रबल

भारत का सारा
समृद्ध ज्ञान,
जिसमें है वह
पूरा विद्यमान;

जिसके अंतर्तम में
अभिनय का कौशल है,
वाक् सुधा में
जो प्रख्यात-प्रबल है;

काव्य-जगत् में
जिसका दमख़म है,
जिसकी रचना
'अखिलामृतम्' है;

जो अमृत की
बात बताता है,
अखिल प्रदेश से
जो आता है;

जो हर पल छोड़े
अपनी अमिट छाप,

जीवन-यज्ञ में
जो करता सदा है जाप;

जिससे आज
हम सब हतप्रभ हैं,
अद्भुत दिखाता
हमेशा जो करतब है;

अरे! उसकी महिमा का
मैं क्या करूँ गुणगान,
उसके कारण तो सहजता भी
पा जाती है निज सम्मान।

काव्य-निर्झर – 54

ज्ञान का दिव्य प्रकाश

उसका भी ग़ज़ब का
देखो है साथी नाम,
प्रकाशित करना ही
जिसका है हर क्षण काम;

जिसके व्यक्तित्व में समाविष्ट
अनेक विषयों का है ज्ञान,
जो हिन्दी साहित्य का
है अतुलनीय एक अभियान;

इतना सरस होकर जो
सहजता से है उपलब्ध,
जिसकी सीमाओं में न्यायमीमांसा
खड़ी रहे हर पल करबद्ध;

जिसके पास शब्दों का
है ऐसा एक भण्डार,
जिसके समक्ष निराकार भी
ले लेता है पूर्ण आकार;

जय-जय हो जिसमें गूँज रहा
हो जिसका विस्तीर्ण सदा आकाश

जो आज विकीर्णित करता है
अपने ज्ञान का दिव्य प्रकाश;

आज जिसकी दृष्टि से
अनावृत हुआ संवाद शिखर,
जिसकी वाणी से गुंजित होकर
शब्द-सुधा गयी और निखर।

सबके दाता राम

चलते-चलते
थके पैरों ने
की थोड़ी-सी
सुगबुगाहट
लगता है
उन्होंने सुन ली
पास आती कोई आहट
जिसमें न थी
वाणी की थाप
न ही था
कहीं कोई पदचाप
अनुगूँज होकर
जिसने स्तब्ध किया
छूकर पैरों को
जिसने आबद्ध किया
ठिठक वहीं पैरों ने बस
जहाँ किया विश्राम
वहीं जाकर अभिव्यक्त हुआ –
'सबके दाता राम'।

राम बिना कोई ठौर नहीं

राम ध्वनि है
राम से पहले
राम आदि है
अनंत जिसे तू कहले
राम बिना
कोई ठौर नहीं
राम से बढ़कर
कोई और नहीं
राम ध्वनि को
जिसने जाना
राम को ही बस
कण-कण में पहचाना
राम सेतु पर
जो करै गुज़ारा
पार कर गया
वो यह जग सारा।

आप जिनसे डरते हैं

आप जिनसे डरते हैं
ये सोचकर
कि वो क्या सोचेगा
आपके बारे में?
वह भी डरता
आपसे, यह सोचकर
कि आप क्या सोचते हैं
उसके बारे में?
इसी चक्कर में
ऐसे घनचक्कर में
यूँ ही निकल जाती है
हर एक की ज़िन्दगी
मैं फ़िक्र नहीं करता
उसकी, जिसकी क़ीमत
कौड़ी के भाव भी नहीं
मैं तो च्युत भी नहीं रखता ख़ुद को
बेख़बर होकर उससे
जो बात है सही
क्योंकि मैं तो कहूँगा वही
जो बात है सही
अहम के वहम का
मुझे तो कुछ पता ही नहीं।

वो कलाम नहीं, कमाल था

वो कलाम नहीं,
कमाल था
मानवतावाद के प्रतिपादन में
वो पूरा एक धमाल था,
जाति, धर्म से ऊपर
सख़्त एक ढाल था
उसकी शिक्षा में
सिद्धांतों का बड़ा ख़्याल था,
उसका जीवन तो पूरा
शिखर का एक काल था,
आया कितना ज़्यादा
जीवन में उसके भी जंजाल था,
पर वो कभी नहीं हारा
ऐसा बनाया उसने जो माहौल था,
उसके माथे पर लिखा हुआ
'अनोखा ये भारत का लाल था',
वो कोई और नहीं
हम सबका चहेता
डॉक्टर ए.पी.जे. अब्दुल कलाम था।

स्त्री हूँ, स्त्रीत्व मेरा अभिमान है

मुझमें ही छुपा है
पूरे ब्रह्माण्ड का रहस्य
मुझमें ही समाहित है
पूरी सृष्टि का सारा गन्तव्य
मुझे कभी नहीं जान सका कोई
गर उसने पलकें नहीं झुकाईं
ऊपर-ऊपर से पता ही नहीं चलता
मुझमें निहित है कितनी गहराई
सौंदर्य के बोध ने भी
मुझसे ही जन्म पाया था
शर्वरी की खोह से निकलकर
उजाला मुझसे ही मिलने आया था
सलिला निर्बाध होकर
मुझसे ही गुज़री थी होकर
सागर से मिलने के बाद
जो पूर्ण हुई थी उसमें खोकर
मुझे समझने के लिए
मुझे ही तलाश तू स्वयं के उपवन में
वहीं मिलती रही हूँ सदा मैं
तू एक बार डूब के तो देख अपने मन में
स्त्री हूँ, स्त्रीत्व मेरा अभिमान है
ईश्वर ने गढ़ा कुछ इसी तरह से मुझको
गर हृदय-स्थल पर उपस्थित नहीं
तो कभी समझ नहीं आ सकूँगी मैं तुझको।

कभी यहाँ से गुज़रे थे

प्रकृति-संरक्षकों ने मुझको
एक ऐसी जगह पे लगाया है
जहाँ से गुज़रने वाला हरेक शख़्स
ज़िन्दगी में कुछ न कुछ ज़रूर कर पाया है
कभी यहाँ से गुज़रे थे अमिताभ
तो कभी गुज़रे थे पटनायक नवीन भी
कभी गुज़रे थे यहाँ से सतीश कौशिक
तो कभी गुज़रे थे केके, सुशांत, दिव्येंदु और ख़ान कबीर भी
इन रास्तों ने रंगराजन को भी देखा है
गिरिजा के बाद सरगुन मेहता ने भी खींची यहाँ अमिट रेखा है
मसऊद ख़लीली जहाँ इसकी शान बढ़ाते हैं
वहीं गौरव बिधूड़ी खेल में परचम लहरा आते हैं
हबीब भी यहीं से निकले हैं
शक्ति, कुलभूषण के फूल भी यहीं पे खिले हैं
हस्तियों की तो बड़ी लम्बी सूची है यहाँ
जीवन के हर रंग को रंगने वाली कूची है यहाँ
हृष्ट-पुष्ट रखने वाला जिम भी यहीं पास है
स्पोर्ट्स का आनंद लेने वाला जीवंत यहाँ पे एहसास है
देखी है मैंने ज़िन्दगी यहाँ पे बड़ी रौनक़ भरी
उदास होने के लिए तो यहाँ पे कुछ है ही नहीं
ज़िन्दगी को जो भी यहाँ पर थोड़ा ठीक से जी लेता है
अपने वजूद को सार्थक तो कर ही लेता है
कुछ ऐसे ही फ़लसफ़ों को
बरसों से मैं सबको सुनाता आ रहा हूँ
हॉस्टल के नए पुराने सारे क़िस्से
दशकों से सबको बताता आ रहा हूँ।

प्रतिमानों का ढेर लगा है, बच्चन के परिवार में

प्रतिमानों का ढेर लगा है, बच्चन के परिवार में।
स्पर्श कोई कर न सकेगा, पूरे इस संसार में ।।

'प्रताप नारायण' की महिमा का
कैसे मैं गुणगान करूँ,
शब्द पड़ जाते हैं बौने
जब-जब उनका ध्यान धरूँ;
अपने जीवन की काया पर
उनका जो अनुदान है,
पुरखों से मिली शृंखला का
वह तो एक श्रमदान है;
अद्भुत है प्रताप जिनका
अनूठी जिनकी शान है,
सादृश्य वे नारायण जैसे
वो तो सृष्टि के विधान हैं,
कर्मठता के हैं वो साथी
सबसे ऊँची एक मिसाल,
पैंतीस वर्ष की नौकरी में छुट्टी लेकर
नहीं किया था, तनिक भी कभी आराम,
ऐसी अभूतपूर्व काया ने
जैसा है एक आदर्श गढ़ा

उन्हीं रास्तों पर चलकर ही तो
उनका 'संतति-संसार' बढ़ा।
प्रतिमानों का ढेर लगा है, बच्चन के परिवार में।
स्पर्श कोई कर न सकेगा, पूरे इस संसार में॥

'हरिवंश' पुराण से प्रेरित होकर
जिसने पाया हो ख़ुद का नाम
उनकी गाथा गाने में
क़लम न जाने तनिक आराम,
कविता जिनकी पंथ है
जीवन जिनका है माही
'निशा-निमंत्रण' देते चलते
जीवन-पथ के जो राही,
पथरीली राहों पे चलकर
जिसने जीवन-विष का पान किया
अमृत बनाकर पूरे विष को
नव साहित्य-परिधान दिया,
'बच्चन' के शब्दों में हरदम
निःशब्द उत्कर्ष है बसा हुआ
उन्हीं के क़दमों पे आगे चलकर
'संस्कार' ही तो आगे बढ़ता गया।

प्रतिमानों का ढेर लगा है, बच्चन के परिवार में।
स्पर्श कोई कर न सकेगा, पूरे इस संसार में॥

बड़ी कोशिश के बाद भी
क़लम नहीं चल पायी है
अभिभूत है उनसे इतनी ज़्यादा
कि कुछ भी ना ये लिख पायी है,
घण्टों बैठा सोच रहा हूँ
क़लम ठगी-सी जाती है
उनके बारे में सोच-सोचकर
मूक, और फिर स्तब्ध हो जाती है,
पता यहाँ तो सबकुछ है
फिर भी कह कुछ पाऊँ ना मैं
आँखें बंदकर ज्यों ही सोचूँ
मंत्र-मुग्ध बस हो जाऊँ मैं,
बड़ी मुश्किल से देखो आज
बस इतना ही कह सकता हूँ
अमिट हो जिसकी आभा, साथी!
उसे शब्दों में कहके मैं, छोटा कैसे कर सकता हूँ।

प्रतिमानों का ढेर लगा है, बच्चन के परिवार में।
स्पर्श कोई कर न सकेगा, पूरे इस संसार में ।।

जनाब! ये आज की नई पीढ़ी है

जनाब! ये आज की नई पीढ़ी है।
तोड़ दी जिसने ज़िन्दगी की हरेक सीढ़ी है ॥

माँ-बाप से दूर भागने की क़वायद है
सारी दुनियाँ से जिनको शिकायत है,
जो नए-नए फ़ैशन में रहते हर रोज़ चूर हैं
ख़ुद को पाते जो हर वक़्त ही मजबूर हैं,
जिनको कुछ भी कोई सिखा नहीं सकता
कुछ भी ऐसा नहीं, जो कोई उन्हें बता सकता,
जिनको किताबों से कुछ भी मतलब नहीं
खाना पूर्ति करना ही जिनको लगता हो सही,
जो टीचर को क्लास के बाहर पहचानते नहीं
शिक्षा का असली मूल्य जो तनिक भी जानते नहीं।

जनाब! ये आज की नई पीढ़ी है।
तोड़ दी जिसने ज़िन्दगी की हरेक सीढ़ी है ॥

आज सारे अंग्रेज़ी के प्रभाव में हैं
अपनी ही संस्कृति के जो अभाव में हैं,
जो 'योग' से तो थे सदा ही अपरिचित
आज उसे 'योगा' कहकर, जो नहीं होते ज़रा भी सशंकित,
जिनके स्वागत का तरीक़ा बदल गया है

'नमस्कार' छोड़, 'गुड-मॉर्निंग' में तीर जिनका चल गया है,
जो अपनी ही संस्कृति को पिछड़ा समझते हैं
पश्चिम से आई हर एक चीज़ को अनमोल कहते हैं,
आज उतारू हैं जो मैकाले को सही सिद्ध करने में
भारतीय शक्ल में पैदा होकर, लगे हैं बस अंग्रेज़ बनने में।

जनाब! ये आज की नई पीढ़ी है।
तोड़ दी जिसने ज़िन्दगी की हरेक सीढ़ी है ॥

मोबाइल इनकी दुनियाँ का सबसे बड़ा गुरु है
उन्हें पता नहीं कि असली "गुरु" का अंत यहीं से शुरू है,
आँखें ख़राब कर लेना इन्हें लगता गवारा है
वर्चुअल दुनियाँ से ख़ुद को जिन्होंने संवारा है,
खो गया है इनके जीवन से पुस्तकों का अर्थ
परीक्षा बाद जिनके लिए वे हो जाती हैं व्यर्थ,
आधा-अधूरा जिनकी ज़िन्दगी का रास्ता है
'स्नेह', 'करुणा', 'सम्मान' से जिनका नहीं कोई वास्ता है,
उनकी ज़िन्दगी आज एक ख़ाली कारतूस के समान है
जिसके अंदर से देखो, खो गयी पूरी की पूरी जान है।

जनाब! ये आज की नई पीढ़ी है।
तोड़ दी जिसने ज़िन्दगी की हरेक सीढ़ी है ॥

ग़ौर से ये देखते नहीं अपने बढ़ते क़दम
बहुत जल्द ही ये तोड़ देते हैं अपना दम,
आज सात साल का बच्चा भी इतना ग़ुस्सा कर जाता है

'आत्महत्या' की धमकी, अपने माँ-बाप को दे डालता है,
आज क्लास में बच्चे का ज़रा भी नहीं इंटरेस्ट है
उसे दिखता बस सोसायटीज़ का 'एन्युअल फ़ेस्ट' है,
कुछ इसी तरह से वो सदा आगे बढ़ता है
फ्रस्ट्रेशन आने पर बस दूसरों को कोसता है,
जब तक समझ पाता है वो ये सारी बात
ज़िन्दगी में उसके आ चुकी होती है घनघोर अंधेरी रात।

जनाब! ये आज की नई पीढ़ी है।
तोड़ दी जिसने ज़िन्दगी की हरेक सीढ़ी है ।।

अब तक हुई बस तुम्हारी ही बात
अब सुन लो ज़रा एक हमारी भी आज,
'रियर-मिरर' के बिना गाड़ी आगे बढ़ नहीं पाती
बिना 'संस्कृति' के तेल के पहाड़ चढ़ नहीं पाती,
जो संस्कार भारत की धरती में बसता है
पश्चिम से आया हर विद्वान भी उसका गुणगान करता है,
जिस रास्ते पर तुम चल रहे हो आज
उस पर तो हम नहीं कर सकते कभी नाज़,
अगर तुमने पीछे मुड़कर अब भी देखा नहीं
अफ़सोस! ज़िन्दगी तेरी कभी ख़ुशहाल बन पाएगी नहीं।

जनाब! ये आज की नई पीढ़ी है।
तोड़ दी जिसने ज़िन्दगी की हरेक सीढ़ी है ।।

बिम्ब का प्रतिबिम्ब

वाह्य जगत की सीमाओं का
कहीं दिखता कोई अंत नहीं,
हर ओर सदा जो फैला रहता
उसका कोई निश्चित पंत नहीं;

विस्तीर्ण गगन में इस दुनिया का
जो सदा निमंत्रण सबको देता,
अपनी परिधि के पूर्ण व्यास का
जो मापदण्ड है पूरा कर लेता;

ब्रह्माण्ड की पूरी माया का
जिस काया पर आभास हुआ,
मानव मन की चेतना का
जब देखो पूर्ण विकास हुआ;

मनुष्य-योनि का ये प्रादुर्भाव
जब युगों-युगों के बाद हुआ,
समाविष्ट हुए जहाँ सारे भाव
त्रिकाल जहाँ आबाद हुआ;

द्वैत जहाँ हो जाता सम्मिलित
मृण्मय में अमृत कोश का,
जिस बेला में होता वो मिश्रित
अंतहीन परिणय 'होश' का;

पीड़ा की अकथ कहानी जब
अनुगूँज हुई हृदय के अन्दर,
नाभिकेंद्र में करके प्रवेश तब
मानव-डिम्ब जब बना समन्दर;

अनादि काल के आलिंगन में
दो छोर सदा आकर झुकते हैं,
प्रकाश जहाँ मिलता है उसमें
स्तब्ध होके वहाँ सब रुकते हैं;

उस विराट का 'कथा-चरित'
प्रतिवेदन करता है पुरज़ोर,
प्राकट्य रूप में अभिसिंचित
विस्तृत होता जो चारों ओर;

संसार हो जिसकी कुल छाया
रहस्य में होता जिसका वास,
उस निकाय की वो प्रतिकाया
सृष्टि का केंद्र जब आए पास;

इस अंतहीन प्रणय की प्रीत
बस हुई प्रकट 'मनुष्य-मन' में,
परिमाण में आता परम् मीत
मानव के असली चितवन में;

इस दुनिया में जो ढूँढ़ रहा
वह उसका ही तो बिम्ब है,
तृष्णा में वो जो खोज रहा
वो उसका ही प्रतिबिम्ब है ।

बुद्ध का बाप भी, बुद्ध को कोसता होगा

बुद्ध का बाप भी
बुद्ध को कोसता होगा,
कि कैसे उनके कुल में
इस नालायक़ का जन्म हुआ होगा;

जिसने स्वर्ण-मुकुट को छोड़
थाम लिया हाथ में ख़ाली एक कटोरा,
जिसके बाप ने सर्वस्व लुटाकर
धन, संपत्ति, और नाम बटोरा;

चलते-चलते सिद्धार्थ तो बुद्ध हो गया
जिसने पैदा किया था, वो वहीं पे रह गया,
पर दम्भ कभी भी उसका नहीं गया
जो बुद्ध को सिद्धार्थ ही समझता रह गया;

चक्रवर्ती सम्राट बनने को
पैदा होकर जो धरती पर आया था,
माया जाल को तोड़कर जो
अपना 'घर' खोजने निकल गया था;

पर बाप ने उसको जब धिक्कार दिया था,
कुल का नाशक तक कह दिया था

पर फिर भी बुद्ध के पैर कभी रुके नहीं
उन शब्दों का असर उन पर कभी हुआ नहीं;

बाप ने उस वक़्त तब सोचा था
अपने भाग्य को जब उसने कोसा था,
समझ में था ये सब बड़ा ही बेबूझ
मिट चुकी हो जब उसकी सारी सूझ-बूझ;

किस नक्षत्र और दशा में
ये पुत्र मुझे तूने सौपा है?
वंश मिटाने इस कपूत को
क्यूँ मेरे घर को भेजा है?

पर आज है दुनियाँ सब जानती
असली तथ्य को है ख़ूब पहचानती
बुद्ध कपूत थे, बस अपने बाप के लिए
ज्योति जलाई, जिसने हर एक के लिए

पर बुद्ध भी सपूत ना बन सके
लायक़ बेटा ख़ुद ना कहला सके,
बाप के अहम को वे ख़ुद भी
कभी भी ना शांत कर सके;

पर बुद्ध युगों-युगों तक पूजे जाएंगे
सदियों तक उनका हर कोई गुण गाएगा,
नाम बुद्ध के बाप का भी
बस उनके कारण ही जाना जाएगा;

सच्चाई साथी इस दुनियाँ की
देखो, लगती कितनी बेबूझ है,
जो दुनियाँ को राह दिखाए
उसके ही घर अंधेरा भरपूर है।

बंदिशों में घुटती नारी

क्या मैं लड़की हूँ
इतना ही पर्याप्त है?
मुझे बंदिशों में रखने के लिए
मेरे साथ अन्याय कर
स्वतंत्र घूमने के लिए,
मेरा चीरहरण हो या कि हो अग्नि परीक्षा
इच्छा हो मेरी या हो पूर्ण अनिच्छा
क्या बस लड़की होना ही पर्याप्त है?
क्या तुम्हारी ही हुकूमत सर्वत्र व्याप्त है?
मैं इजाज़त माँगू तुझसे जीने के लिए
परिणय भी हो तेरी इच्छा के लिए,
बच्चे भी हो तेरी ही आकांक्षा
करूँ सदा तेरे आदेश की प्रतीक्षा,
इतना बंधन तो मेरे मासिक धर्म में भी नहीं
जितना रच डाला है तेरी धर्म की किताबों ने,
ऐसे ही नहीं सोच लेती हूँ गर्भ में
मत कर पैदा मुझे स्त्री के रूप में,
पैदा करने की क्षमता तो देख, मुझमें ईश्वर प्रदत्त है
क्या इसी की भरपाई में किया तूने सर्वस्व मेरा ज़ब्त है?
मन मेरा भी होता है उन्मुक्त होकर
उड़ जाऊँ खुले आकाश में
पर कितने रडार तूने बिछा रखे हैं

जो देखते रहते हैं मुझे हर ओर से
कहीं घूर-घूर कर खुली निगाहों से
तो कभी मूक होकर बन्द ज़ुबानों से
क्या लड़की होना ही पर्याप्त है?
कि मुझे जीवन भर बस सुनना पड़ेगा
तुम्हारी नीति की बातें, जीत की बातें
और कभी-कभी गंदी राजनीति की बातें,
हे पुरुष! ये कैसी दुनियाँ तुमने रच डाला
भगवान को भी अपनी ही सूरत में गढ़ डाला,
कर रहे हो पृथ्वी पर तुम कितनी मनमानी
गोला, बारूद, बम, है बस तेरी यही कहानी,
इतिहास के पन्नों में रौंदा था तुमने मुझको
यह अंकित है सदा के लिए
पढ़कर उन्हें कोई कभी भी हो जाए स्तब्ध,
और सिहर जाए सदा के लिए,
पर तुम कभी समझ ही न पाए
कि एक लड़की थी – तुम्हारी बहन,
या थी वो तुम्हारी माँ, मौसी, चाची या फिर कोई और,
पर मन के अदृश्य गलियारे में
तूने रखा इन सारे भावों को अंधियारे में,
देखा उसे सिर्फ इस बात पर
कि स्त्री! तुम हो सिर्फ भोग के लिए
हमारी इच्छानुसार उपयोग के लिए;
पर हे पुरुष! तेरा उद्धार कभी न होगा
मुक्ति का द्वार तेरा कभी न खुलेगा,
तुझे तो देख

वापस गर्भ में आना पड़ेगा
स्त्री को माँ समझ
फिर से बेटा बन जाना पड़ेगा,
तभी तेरी मुक्ति है,
अंतिम यही युक्ति है
अभी भी वक़्त है,
सम्भल जा तू
वरना सर्वस्व मिट जाएगा,
बदल जा तू;
देख ज़रा ग़ौर से, हर स्त्री में एक माँ है
उसके बच्चे में छुपी रहती उसकी जां है,
लौटकर वापस आ जा
तू अपने बहिर्मुखी स्वभाव से,
अंतर्मुखता जब बन सकेगी तेरा मार्ग
सारी विसंगतियों के अभाव में...।

मेरे का भाव इतना बुरा नहीं

छोड़ो अब अध्यात्म की बातें
नहीं चलता उससे अपना संसार,
चलता है ये जात-पात से
यही है बस इसका संस्कार,
कोरी बातों में कभी न फँसना
देख इसे तुम बस ग़ौर से लेना,
यह सच्चाई दिख जाएगी
ठीक यहीं पर मिल जाएगी,
अध्यात्म में तो 'मैं', 'मेरा'
होते हैं एक बाधा स्वरूप
जब तक कोई इनसे ना छूटे
कभी न पाए मोक्ष-रूप।

पर संसार-गणित दूजा लगता है
यहाँ तो बस 'मैं' का ही सिक्का चलता है,
यहाँ पर वही चीज़ बचती है
जो 'मैं' और 'मेरी' में बसती है
जब कोई कहता मेरा देश
मेरी माँ, मेरी बहन या मेरा घर
तब तो वह करता परवाह इनकी
साम, दाम, दण्ड भेद लगाकर भी,
अन्यथा देता है छोड़ सदा प्रभु पर
बस अपनी सुधि लेता पूजा-पाठ कर
कैसे कहूँ आज मैं साथी

कि छूट जाए सब लोग 'मैं' और 'मेरे' से
यह 'मैं' ही है, जो संसार बचाता
ये 'मैं' ही है, जो अपने का ख़्याल कराता।

छेड़ख़ानी, बलात्कार की करतूत
करता आदमी है कितना अकूत,
पर आदमी ये सब
सदा बस 'दूसरों' के साथ ही करता है,
अपनों के साथ तो
रत्ती भर भी कभी न यह सोचता है,
राह पर चलती स्त्री
जब दूर से कभी दिखती है
मन में शैतान जगने लगता
पर नज़दीक आने पर
जब वह कभी निकलती 'अपनी'
तत्क्षण शैतान मर जाता
और भाव में तत्क्षण बदलाहट होती।

'मैं' का भाव इसलिए कभी मिटाना नहीं
वर्ना संसार अपना फिर कभी बचेगा नहीं,
'मैं' को बस, चलते जाना बढ़ाते
सारी नग्नता पर वस्त्रों को ओढ़ाते,
जितना 'मेरापन' बढ़ता जाएगा
संसार उतना कम से कम बचता जाएगा,
याद सदा तुम रखना ये बात
आदमी के अंदरूनी जज़्बात,
आदमी हर अपराध बस 'दूजे' के साथ करता है
'अपनों' को तो हर हाल में वो बचाकर ही रखता है,
बचने, बचाने का अब तो गुर सीख लो
सारी दुनियाँ को तुम धीरे-धीरे अपना बनाना सीख लो।

संग-ए-मरमर-सा ताज हो तुम

ज़ीस्त की ख़ुशबू
गुलशन की सुवास हो तुम,
सुगन्धित हो जाए जीवन जिससे
वो अप्रतिम वातास हो तुम।

तुम्हें देखते ही
स्पंदित हो जाता है जीवन,
उल्लास, उमंग, उत्सव से भरा
विस्तीर्ण आकाश हो तुम।

जिसके होने से
झंकृत हो जाये सारा जहां,
रोम-रोम में बसने वाली,
उस वीणा का गान हो तुम।

तुम्हें शायद ख़बर ही नहीं,
तुम कौन हो आख़िर ?
कर दे जो कंपित नख से शिखर तक,
वो अद्वितीय, अभियान हो तुम।

चेहरे पर तेज़ है तेरे
तो आँखों में है कितनी गहराई,
न जाने किस दुनियाँ से चलकर
तुम हो इस दुनियाँ में आई।

तुम्हारे सामने आने से
ख़ूबसूरती भी कतरा जाए,
गर उसके भी पार है कुछ कहीं
तो वो अनिर्वचनीय एहसास हो तुम।

तुम्हारे लिए कम पड़ जाए
इस दुनियाँ के सारे शब्द,
शब्दों के पार
निःशब्द की आवाज़ हो तुम।

तुम जहाँ भी जाओगी
रोशन हो जाएगा वो जहां,
जो मिलती नहीं सबको
उन ख़ुशियों का राज़ हो तुम।

जिसे पकड़ने में
रह जाते नाकाम मेरे लफ़्ज़
उस तरन्नुम भरे लहजे का
अनूठा आग़ाज़ हो तुम।

तुमसे सुन्दर इस दुनियाँ में
कहाँ कोई और है,
इस धरती पे चलता-फिरता
संग-ए-मरमर-सा ताज हो तुम।

नहीं कर सकते बयाँ तुझे शब्द
ऐसी ही एक कृति हो तुम,
उस अदृश्य ख़ुदा की ही तो
एक दृश्य अनुकृति हो तुम।

बैंककर्मी की अकथ कहानी

एक सिपाही बैंक का
क्या देखा तुमने है कभी?
जन-जन में जो आस जगाए
क्या आभास किया है तुमने कभी?

मत कहना नौकर हो तुम
काम तुम्हारा है यह सब
'कर्तव्य-बोध' में होकर आबद्ध
जॉब तुम्हारा है यह बस?

मैं बात पते की एक बताता
बैंककर्मी बस यह सिखलाता
मुझसे ऊपर देश है मेरा
हर पल वह, यह कर्तव्य निभाता,

होता कुर्सी पर वो बैठा जब
सुनता पब्लिक की खरीखोटी सब
फिर भी अपना धर्म निभाता
चेहरे पर मुस्कान दिखाता,

धन का क्या है मूल्य तुम्हारे
जब पास कभी वो आये ना

धरी रह गयी स्वनिर्मित योजना
बचत कभी हो पाए ना,

धन से आता सुख नहीं
संचय की एक ज़रूरत है
धन के अभाव की अंधियारी में
ज़िंदगीं लगती बड़ी बदसूरत है,

बैंककर्मी के कंधों पर
करके आज सवारी तुम
धन की गाड़ी के इंजन को
किक मारते हरपल तुम,

'जन-धन' हो या हो 'जन-सुरक्षा'
हित सबका हो, हो सबकी रक्षा
जीवन ज्योति का जब बीमा हो
बैंक की बढ़ती तब सीमा हो,

अटल पेंशन की जब हो पेशकश
हो गयी जो सबके निहितार्थ
मुद्रा योजना को पाकर जब
हुए ग़रीब सारे कृतार्थ,

एक दौर कभी वह भी आया
पीएम ने जब फ़रमान सुनाया
नोटबन्दी का जब सारा भार
बैंककर्मी के कंधे पर आया,

नई करेंसी के उस नाज़ुक दौर में
बैंककर्मी की थी किसको पड़ी !
जब पब्लिक दरवाज़े पर
पत्थर-ईंट थी लिये खड़ी,

वो एक त्रासदी बड़ी विभत्स
झेली नहीं है तुमने वत्स
बैंककर्मी की उस पीड़ा को देखा
उसके परिवार ने आँखों में भरके अक्स,

सरकारी निर्देशों का जो
पालन करते सख़्ती से
बागडोर इकॉनमी की जो
चलती जिनकी भक्ति से,

सरकारी हो कोई योजना
आती कंधे पर बैंककर्मी के
समुचित ढंग से वो अपना
निभाता है ड्यूटी बड़ी नरमी से,

त्रुटिरहित है उसका पेशा
गुणा-गणित में जो है धीर
फिर भी मन के जंजाल से
ग़लत हो जाता गर कभी कोई तीर,

उस चूक निशाने की स्थिति में
कितनों की जेब हुई ख़ाली
बैंककर्मी की सहनशीलता
आज प्रवीण ने कह डाली,

सरकारी तंत्रों में आज
बैंकिंग सेक्टर विशाल है
बैंककर्मी की अकथ कहानी
एक जीती-जागती मिसाल है ।

विनोद, तुम्हीं बस हो सकते थे

प्रमुदित होकर
उल्लास के संग
भावभंगिमा व एहसास के संग
तुम ही तो बस
जी सकते थे...
विनोद, तुम्हीं बस हो सकते थे;

उच्च शिखर पर
होकर विन्यस्त
ध्यान किए तुम
सदा रहकर भी व्यस्त
तुम ही सब कुछ
अस्त-व्यस्त कर सकते थे...
विनोद, तुम्हीं बस हो सकते थे;

चकाचौंध में हर व्यक्ति
कहीं न कहीं खो जाता है
जीवन-यात्रा में हर कोई
कभी न कभी रह-रहकर सो जाता है
पर ऊहापोह के बीच भी
प्रखर तुम्हीं तो हो सकते थे...
विनोद, तुम्हीं बस हो सकते थे;

मायाजाल से कब कौन
कहाँ कभी भी मुक्त हुआ!

पर तेरे प्रज्ञा के प्रकाश में
रोशन हुआ तेरा जग सारा
तुम्हीं ज्योति की एक अलख
यहाँ देख जगा सकते थे...
विनोद, तुम्हीं बस हो सकते थे;

इतना दुरूह
ये कृत्य होता है
ख़ुद की अभिलाषा
मन में जब घर करता है
तुम्हीं तो जागकर
प्रीत का मीत बन सकते थे...
विनोद, तुम्हीं बस हो सकते थे;

शांति का द्वार
तुमने खोल दिया था
ओशो का दूत बनकर
सबके हृदय को झकझोर दिया था
अहंकार को कर विसर्जित
तुम्हीं तो बस चल सकते थे...
विनोद, तुम्हीं बस हो सकते थे;

बेहोशी के जीवन में
देखो यहाँ सब चलते हैं
"संतुष्ट हो गया मन मेरा"
ये कभी नहीं वे कह सकते हैं
तृप्त आँखों से इस जीवन को
तुम्हीं तो बस पी सकते थे...
विनोद, तुम्हीं बस हो सकते थे।

हरगुन-महोत्सव

दुर्वासा की पावन धरती
सदियों से नाज़ कराती है,
हर साल जयंती नानक की
संगम-नहान बुलाती है।

उभिरी की मिट्टी में जन्मा
अनुराग सभी का पाया जो,
मधुर प्रीत का शंख बजाने
रमजू का वंशज आया जो।

जिस नाम पथिक का हरगुन हो
उस राह पतित ना कोई हो,
जिस राजगीर की संतति हम
सब कहते जिसको बाबा हम।

जब तक बाबा ठहरे तुम
माटी के बने शरीर में,
गुँथा हुआ था ये जग सारा
माले की ज़ंजीर में।

हम सबको जब छोड़ चले तुम
बेबस और अकेला,

तब जाकर एहसास हुआ
अतरंगी ये मेला।

तेरा जाना इस धरती से
लगता एक बहाना है,
हम सबको कर एक साथ जो
तेरा एक फ़साना है।

तेरी माया, तेरी छाया
छूट गयी जब तेरी काया,
तेरे बाद, कैसा नाद
कैसे रहते हम आबाद ?

पर तू जाने क़िस्सा सारा
कैसे फैला नाम हमारा,
तीर नदी के अपना गाँव
लेकर निकले तेरी छाँव।

तब कुटिर को उस तेरे
लगे कछुक ना फिर फेरे,
जीवन की डगमग डोली में
हम मस्तानों की टोली में।

आशाओं का उन्माद बढ़ा
उम्मीदों का परवान चढ़ा,
'जय-भीम' तिलक की रोली में
तृष्णाओं की होली में।

सोपान शिखर का खोज लिए
जब ध्यान उसी का रोज़ किये,
है स्वाद तुम्हारा हर क्षण में
तुम आज यहीं हो हर पल में।

तुम थे कभी, अब हो नहीं
हो आज तुम, अब हो यहीं,
इस द्वन्द्व के उस अंश में
अब मन नहीं, उस दंश में।

अदृश्य लोक के आंगन से
ज्ञात सभी को होता है,
तुम गये नहीं हो अब तक
एहसास सभी को होता है।

जिस कुटिया के प्रांगण में
ज्योति जलायी थी तुमने
उस मटिया के हर कण में
फूल खिलाये, हम सबने।

जो पाठ पढ़ाया था तुमने
मिट्टी की ख़ुशबू बन हमने,
उस दीए की लौ बन जाने को
उस दीपक के परवाने को।

जिसकी मूरत मानी सबने
उसकी सूरत जानी हमने,
आज जड़ों में फूलों के
पानी की प्यास बुझायेंगे।

इस बग़िया की ख़ुशबू बनकर
सबको आज नचाएंगे,
गीत तेरे उस मंदिर का
मिलकर हम सब गाएंगे।

कालखण्डों से परे
तेरी महिमा बतलाएंगे,
मीत सभी का बनकर हम
ज्योति-पुंज कहलाएंगे।

तेरी ऊर्जा मेरे भीतर
प्राण की अग्नि जलाती है,
ज्ञान की वीणा देख तुझे
अविरल धुन बजाती है।

हृदय जगत में हम सबके
गीत तुम्हीं तो गाते हो,
अलख जगाए, मशाल लिए
जीत तुम्हीं तो जाते हो।

जिस लोक, जहाँ हो करुणा-भाव
तिस प्रेम भरी हो, जिसकी नाव,
अनुशासन जिसकी शैली हो
श्रद्धा जिसके घर खेली हो।

माली का एक बग़ीचा देखो
जिसको तुमने सींचा देखो,

न फूल जहाँ कुम्हलाए हों
न शूल जहाँ उग आए हों।

सुन-सुन जिसको पाया हमने
'गुन'-'गुन' जिसको गाया हमने,
'हर' के 'गुन' के, प्रणय-सूत्र को
आज सभी के गुह्य-निलय को।

उस सदन की बेदी पर
हम आज तिलक लगायेंगे,
'कार्तिक-पूर्णिमा' की सीमा पर
हर साल यहाँ हम आएंगे
'हरगुन-महोत्सव' की पावन बेला पर
याद तुम्हें कर जाएंगे।
याद तुम्हें कर जाएंगे।
हाँ बाबा !
याद तुम्हें कर जाएंगे ।।

कोरोना और धर्म

कोरोना से पहले भी
मौत उतनी ही पास थी
जितनी की अब
कोरोना की वजह से
सबको महसूस होने लगी है,
ये दुनियाँ हमारी
क्या कभी देखी थी हमने
जो आज इतनी अधिक
उत्सुक है –
सम्हलने में, सम्हालने में;
जो जीवन न कर पाया
वो मृत्यु के एक पल के एहसास ने
सहज कर दिखाया,
इतनी तन्मयता
इतना होश
इतनी सजगता व इतना जोश
कभी किसी मसले पर
कभी जग न पाया;
मृत्यु ही वह सत्य है
जो जगाती है,
होश में लाती है,
बाक़ी सब तो लोरी हैं
बस रातदिन सुलाती हैं;
कोरोना आज रणक्षेत्र में खड़ा है
कोरी बकवास के बीच

दृढ़ता से सामने सबके अड़ा है,
धर्म मृत्यु से अमृत की ओर
जाने का नाम है,
मौत तो दिख रही है सबको
बस अमृत की तलाश बाक़ी है;
पूरा विश्व एक साथ
बदलने को आतुर है,
असली धर्म जानने को
सब लोग आज यहाँ व्याकुल हैं;
धर्म और मृत्यु का संबंध
है सबसे गहरा
जैसे जड़ तने जाते गहरे, ऊँचे
समतुल्य अनुपात में ही;
वैसे ही अंतिम मृत्यु
की परिणति होती बस वहीं अमरत्व में,
कोरोना आज का अर्जुन है
जो सबमें एहसास जगाता,
उसका, जिसके माध्यम से
हर कोई है गुर सीख लेता,
उसे जानने का जो
पार है शरीर के,
जो पार है उस सबके
जो नश्वर है;
कोरोना आज गीता को
बनाता है सार्थक,
होश की पगडंडी पर
चलता है जब सबका रथ,
कोरोना एक अवसर है
सीख लेने का,
वाद, संवाद के पार
जागती दुनियाँ का दर्शन।

मैं एक नहीं हूँ, मैं दो हूँ

जो मैं आज हूँ
वो मैं कल नहीं था
जो मैं आज हूँ
ठीक वही कल नहीं रहूँगा,
असल में जो मैं हूँ
मैं तो बस वही हूँ
कल भी मैं वही था
और आगे भी वही रहूँगा,
मैं एक नहीं हूँ
मैं दो हूँ...
एक, जो मैं हूँ
और दूसरा जो मैं दिखाई देता हूँ
हज़ारों वर्षों में
मैं निरन्तर बदलता रहा
हर बार
अलग-अलग शक़्ल में दिखता रहा
कभी इस जाति का था
कभी उस जाति का
कभी इस धर्म का
तो कभी उस धर्म का,
मैं कभी भी न एक जाति का रहा
और न रहा कभी एक धर्म का,

मैं हर जाति में था
मैं हर धर्म में था
सबके बीच रहकर भी
मैं नहीं बदला
मैं वही रहा हर रूप में
जो मैं था
मैं सदा वही रहूँगा
जो मैं हूँ...
पर मुझे देखने सुनने वाले
मुझे न जाने क्या-क्या नाम देते हैं
कोई कुछ तो कोई कुछ
निरन्तर मुझे कहते हैं,
कोई बर्खास्त करते हैं अपने वर्ग से
तो कुछ लोग फ़तवा ज़ारी करते हैं
कुछ मुँह फेर लेते मुझसे
तो कुछ मेरे पीछे दौड़ते हैं
इन सबमें से किसी को नहीं पता
मैं कौन हूँ
सिवाय एक मेरे
क्योंकि इन्हें ख़ुद भी नहीं पता
ये कौन थे, कौन हैं और कौन होंगे?
उस तल पर जो वे हैं
या उस तल पर जो वे दिखते हैं।

इरफ़ान! तुम चोट सदा पहुँचाओगे

कुछ आज मेरे भीतर मर गया है,
जो होना था कल
वो अभी-अभी बस हो गया है,

डोर पतंग की कट जाएगी कब?
कब दीया बुझेगा और बुझ जाएगा सब?

तुम्हारा जाना कौंध गया अंदर से
तुम अभी ही तो थे
कब निकल गए छू मंतर से?

तुम्हारी ख़ामोशी
सबक है सबके लिए
ज़िंदा कोई कब तक, कब तक के लिए?

तुम्हारी आँखें
सदा कुछ बोलती थी
आवाज़ तुम्हारी कभी न चुप रहती थी...

अचानक आज
तुम सन्नाटे में प्रवेश कर गए
कुछ मेरे भीतर तुम अचानक ही भेद कर गए;

यकायक तुमने बस याद दिला दी है
क्षणभंगुर है यह जीवन देखो
तीर मृत्यु का हमारे भीतर चुभा दी है...

तुम निकल चुके हो
जीवन की अगली यात्रा में
एहसास मुझे तब होता है
जीवन अब कितनी मात्रा में?

तुम मुझमें हो
मैं भी था कुछ तुझमें भी
कुछ स्पर्श हुआ है आज
कुछ आज मिटा है मुझमें भी;

जाकर तुमने इस धरती से
सबको याद दिलाई है
मौत यहीं पे है बस खड़ी हुई
देखो, अब किसकी बारी आई है?

जो याद करेगा तुमको
उसे भी मिट तो जाना है
बस याद स्वयं की आ जाए
सीख हमें यही बस जाना है;

पंच तत्व में मिलकर आज
तुम याद सभी को आओगे
नश्वर शरीर की सीमा कितनी
तुम याद सदा दिलाओगे।

ध्यानमार्ग के राही

शब्दों में है ओज वही
जो शिलालेख पे अंकित है,
वाणी में उसके प्रवाह जो
शांत झील में पुलकित है;

हृदय-निलय में जो हुआ प्रतिष्ठित
जिसका सबने मान किया,
उस मद के अभिलाषी का
जिस पर सबने ही ध्यान दिया;

शब्द-बाण से फूँक है देता
जिसकी आज जयंती है,
स्वस्फूर्त हृदय-वीणा में
जो झंकृत होकर बजती है;

उसका जादू देखा दुनियाँ ने
शब्दों की शब्दों से टंकार में,
'रश्मिरथी' के रथ पे सवार
वीर-रस की हुंकार में;

पर उसमें थी ना शक्ति उसकी
जिससे हम सब हैं परिचित,
अपने जीवन की यात्रा में
जो दूर रहा होने से चर्चित;

शोरगुल में जो था अभीष्ट
हर बार कहीं जो खो जाता है,
कालखण्ड के कोने में जो
संरक्षित जिसको रख पाता है;

उस अभियान की प्रत्यंचा पर
चढ़ा तीर जिस राम का,
अभिव्यक्त हुई जहाँ सिंह-गर्जना
साहित्य-शिखर का जो सिरमौर बना;

उसे बुलाती है दुनियाँ
'राष्ट्रकवि' के नाम से,
'दिनकर' जिसका है सूत्रपात
हिन्दी के अभिमान में;

उस विरंचि की अद्भुत गाथा
दुनियाँ ने स्वीकार किया,
पर उसने इस माया-जाल को
ख़ुद से ही तो काट दिया;

वो कभी नहीं था फँसा हुआ
वो तो था अपनी खोज में लीन,
'ओशो' के दर्शन में डूबा
वो सचमुच था एक बड़ा फ़क़ीर;

वो कविता को था नहीं मानता
कवि पर उसकी दृष्टि थी,
इसलिए बार-बार जाता था
जहाँ बसती 'रजनीश' की सृष्टि थी;

मूल शिखर है जुड़ा हुआ
इस दर्शन को मान लिया,
भगवान की प्रवचन माला से
उसने अपना काम लिया;

इसलिए उर्वशी तब रची गयी
जो साहित्य-शिखर पर है बसी हुई,
जीवन का जिसने ध्यान किया
मानवमन में डूब स्नान किया;

उस अलंकार के माही को
साहित्य-गगन के अधिकारी को,
मैं शीष झुका के करता प्रणाम
उस ध्यानमार्ग के राही को ।

अमृत-महोत्सव

अमृत-महोत्सव की पावन बेला पे
आज़ादी का जश्न मनाते हम
वीरों की शौर्य गाथा को गा
हर घर तिरंगा फहराते हम

वर्ष पचहत्तर आज़ादी के
हमने आज किये हैं पूरे
धीरे-धीरे एक-एक करके
पूरे होते अब सपने अधूरे

आज़ादी का स्वाद चखा है
भारत के परवानों ने
लहू बहाकर जिन्होंने पाया
गवांकर कितनी जानों ने

आज चला है देश हमारा
प्रगति-पथ का ले आधार
विश्वगुरु की उपमा को
लेने को है फिर से तैयार

विज्ञान से लेकर धर्म तक
जो अलख जगाए रखता है

वो भारत का जन-जन आज
भारत-गाथा कहता है

शान तिरंगा है जिसकी
जन-गण-मन है जिसका गान
'वसुधैव कुटुम्बकम्' के दर्शन संग
आत्म-जगत् है जिसका अभियान

आज कसम हम खाते हैं
भारत को वापस लाएंगे
सौ बरस पूरे होने पर
दुनियाँ पूरी हम हीं चलाएंगे

विश्वगुरु का सपना अपना
मिलकर पूरा करना है
अमृत-महोत्सव को हमको
दिव्य-ज्योति में बदलना है

आज़ादी का अमृत-स्वर
आज पुकारे हर घर को
करके सलाम तिरंगे को
कसम है लेनी हम सबको

भारत देश हमारा है
दुनियाँ में सबसे ये प्यारा है
भारत के मूल्यों पे चलकर
धरती पे स्वर्ग लाना है

जय जय जय हो भारत की
जय जय जय हो भारतवर्ष
जय जय हो पूरे वसुधा की
जय जय हो 'भारत-संघर्ष' ।

परिशिष्ट

1.'मुंगेर-महल' मुंगेर विश्वविद्यालय के लिए लिखा गया एक प्रशस्ति-गीत है जिसे कुलगीत के तर्ज़ पर लिखा गया है।

2.'ख़ुशियों की बारिश' किरोड़ीमल कॉलेज के प्रांगण में स्थित शोध-वृक्ष पर, 'कुछ तुम हमसे सीख लो, कुछ हम तुमसे सीख लें' स्वर्ण-वृक्ष पर, 'एक बार मुझसे तुम बात करके तो देख लो' बोधि-वृक्ष पर, 'कभी यहाँ से गुज़रे थे' प्रकाश-वृक्ष पर और 'किरोड़ीमल की शान में' ज्ञान-वृक्ष पर लिखी गयी रचनाएं हैं।

3.'आभा रजनी के ईश की' ओशो रजनीश के दर्शन पर केंद्रित है।

4.'आज पूरा शहर रो रहा है ' कोरोना काल की विभत्स स्थिति पर केंद्रित है।

5.'संवाद-शिखर' प्रसिद्ध पत्रकार हर्षवर्धन जी के ऊपर, 'मंत्रमुग्ध स्वयं जगदीश' डी०यू० हिन्दी विभाग के सबसे चर्चित प्रोफ़ेसर चंदन कुमार जी के ऊपर, 'वाक् सुधा में प्रख्यात प्रबल' बॉलीवुड के मशहूर अभिनेता श्री अखिलेन्द्र मिश्र जी के ऊपर और 'ज्ञान का दिव्य प्रकाश' वर्तमान हिन्दी साहित्य के प्रख्यात लेखकों में से एक डॉ० जयप्रकाश कर्दम जी के ऊपर लिखी कविताएँ गयी हैं। इन सभी कविताओं का वाचन लेखक द्वारा लेखक की पुस्तक 'शब्द-संवाद' के पुस्तक विमोचन समारोह में धन्यवाद ज्ञापन के समय किया गया था।

6.'प्रतिमानों का ढेर लगा है, बच्चन के परिवार में' डॉ० हरिवंशराय बच्चन जी की तीन पीढ़ियों पर केंद्रित है – एक, उनके पीछे की और दूसरी, उनके आगे की। अतः इस काव्य-निर्झर का पहला स्टैंजा डॉ० हरिवंशराय बच्चन जी के पिता श्री प्रताप नारायण जी पर, दूसरा उनके स्वयं के ऊपर तथा अंतिम उनके सुपुत्र श्री अमिताभ बच्चन जी पर केन्द्रित है।

7.'विनोद, तुम्हीं बस हो सकते थे' फ़िल्म जगत् के मशहूर अभिनेता श्री विनोद खन्ना जी के ऊपर लिखी गयी है।

8.'हरगुन-महोत्सव' लेखक के दादा श्री हरगुन जी के जीवन-दर्शन को केंद्र में रखकर लिखी गयी है जिसमें लेखक के मूल भाव उनके पिता श्री फूलचन्द जी से प्रेरित हैं। लेखक ने इस रचना में अपनी मिट्टी, अपने संस्कार और अपने गाँव दुर्वासा के बारे में बड़े ही रोचक एवं प्रेरक ढंग से व्याख्या की है।

9.‘इरफ़ान! तुम चोट सदा पहुँचाओगे’ रचना मशहूर फ़िल्म अभिनेता इरफ़ान खान की मृत्यु पर लिखी गयी थी।

10.‘ध्यानमार्ग के राही’ राष्ट्रकवि रामधारी सिंह ‘दिनकर’ के ऊपर लिखी एक रचना है।

नोट - जिस वक़्त इस काव्य-संग्रह “मैं कवि-हृदय हूँ, कवि नहीं” का प्रकाशन हो रहा था, उस वक़्त तक 2000 से ज़्यादा कविताओं (काव्य-निर्झर) की रचना मुझसे हो चुकी थी। ये कविताएं कोरोना काल में ही मेरे ज़ेहन में उतरी थीं। कुछ चार से पाँच महीनों में (2021) में 1500 से ज़्यादा काव्य रचना उन दिनों मुझसे हुई थी। फिर कुछ ठहराव के बाद इस वर्ष (2022) में भी वही सिलसिला थोड़ी धीमी गति के साथ ज़ारी रहा। उन सभी कविताओं को किताब के रूप में लाने के उद्देश्य के साथ ही मैं उनकी रचना कर रहा था। इस सन्दर्भ में, प्रत्येक संग्रह को 150 कविताओं के संकलन के रूप में लाने का मन में विचार था क्योंकि जब कविताओं की रचना मुझसे हो रही थी, उस वक़्त भी मैं 150-150 करके ही कविताओं की रचना कर रहा था। जैसे ही 150 कविता पूरी होती, मैं एक नया शीर्षक बनाकर एक नया व्हाट्सअप ग्रुप बना लेता और अपनी अगली 150 कविताओं को उसमें पोस्ट करने लग जाता। बाद में 111 कविताओं का संकलन बनाने का निर्णय लिया ताकि काव्य-संग्रह बहुत ज़्यादा मोटा न हो जाए। जैसा कि आमतौर पर देखा जाता है कि ज़्यादा मोटी किताब को पढ़ने से पाठक वर्ग थोड़ा-सा गुरेज़ करता है। मगर इसके बाद भी मैं अपने इस पहले खण्ड को लेकर तो बहुत ही ऊहापोह में था। ख़ासकर इसकी मोटाई को लेकर कि कहीं किताब बहुत मोटी न हो जाए। फिर लगा कि मेरा यह काव्य-संग्रह संयोगवशात उस दौर में प्रकाशित होने को तैयार हुआ है जब हमारा पूरा देश स्वतंत्रता के 75 वर्ष पूरे होने के उपलक्ष में “आज़ादी का अमृत-महोत्सव” मना रहा था। तो मन में फिर यही विचार आया कि क्यों नहीं इस संकलन की कविताओं की संख्या को इस शुभ अवसर पर 75 ही रख दिया जाए। बस फिर यही संख्या अंततः निश्चित हो गयी और इस संकलन की 75वीं कविता को मैंने “अमृत-महोत्सव” शीर्षक के साथ अमृत-महोत्सव पर ही केंद्रित करके लिखा जिसका वाचन दिल्ली विश्वविद्यालय के एक कार्यक्रम में किया और जिसकी लोगों ने भूरि-भूरि प्रशंसा की।

भूमिका

आमतौर पर कहा जाता है कि एक आम आदमी को जिंदगी जीने के लिए रोटी, कपड़ा और मकान की जरूरत होती है। परंतु इस बात को गहराई से देखें तो इन सभी चीजों से महत्त्वपूर्ण है पैसा। पैसे के बिना रोटी, कपड़ा, मकान तो क्या हम अपनी जरूरत की कोई भी चीज नहीं खरीद सकते। आज अगर किसी व्यक्ति के पास पैसा नहीं है तो कोई भी दोस्त, रिश्तेदार उससे किसी प्रकार का नाता नहीं रखना चाहते। इतनी सी बात से यह तो साफ हो जाता है कि दुनिया की सारी ताकतों से बढ़ कर अगर कोई शक्तिशाली है तो वो है पैसा। हमारे पास पैसा है तो सब कुछ है वरना पैसे के बिना जिदंगी जीना नामुमकिन हो जाता हैं। इसीलिए शायद इस दुनिया में चाहे कोई गरीब हो या अमीर, हर इंसान भगवान से अधिक पैसे की ही पूजा करता है। यह सच है कि पैसा भगवान नहीं है लेकिन हम सभी फिर भी भगवान से अधिक पैसे को अहमियत देते हैं। ऐसा करना इसलिए भी जरूरी है क्योंकि भगवान को भी खुश करने के लिये पैसा ही चढ़ाया जाता है। पैसे के अदंर न जाने ऐसी कौन–सी ताकत है कि इसकी भाषा को दुनिया का हर व्यक्ति आसानी से समझ लेता है। कुछ लोग कहते हैं कि पैसा ही सब कुछ नहीं होता, लेकिन इस सच्चाई से कैसे इंकार करें कि पैसे के बिना जीवन में कुछ नहीं हो सकता। हम चाह कर भी पैसों के बिना अपने किसी भी सपने को हकीकत में नहीं बदल सकते। इन विचारों को जानने के बाद इतना तो समझ आ जाता है कि जिस तरह जीने के लिये सांस लेना जरूरी है उसी तरह जीवन गुज़ारने के लिये पैसे की आवश्यकता होती हैं। दुनिया का हर व्यक्ति यह मानता हैं कि इस दुनिया में पैसे से अधिक करिश्में और कोई नहीं कर सकता। अब प्रश्न यह उठता है कि क्या कोई साधारण गरीब व्यक्ति भी रईस बन सकता है। किसी को पैसा कमाना आसान और किसी को यही काम मुश्किल क्यों लगता है। इस सवाल का जवाब है कि यह सब कुछ हमारी सोच पर निर्भर करता

हैं। डॉक्टर, वैज्ञानिक तो इस बात को मानते ही हैं, उसके अलावा हमारे सभी धार्मिक ग्रंथों में भी समझाया गया है कि जिस तरह की हमारी सोच होती है उसी तरह से हमारा व्यवहार बनने लगता है। जिस चीज को हम दिल से चाहते हैं वो खुद ही हमारी ओर आकर्षित होने लगती है। जब हम अमीर बनने के बारे में सोचना शुरू करते हैं तो हमारा दिल–दिमाग, अवचेतन मन, हमारी भावनाएं अपनी सारी शक्तियाँ उसे पाने के लिये लगा देती हैं। इसीलिये शायद यह कहा जाता है कि जीवन में जब भी कुछ बनने का सोचो तो समुद्र की तरह बड़ा बनने के बारे में सोचो। ताकि कल तक जिन लोगों को हमारे अदंर सिर्फ कमियाँ दिखाई देती थी आज उनको हमारी हस्ती का अंदाजा लगाना मुश्किल हो जाये।

इसके बाद हम बात करेंगे कि पैसे को कैसे कमाया और बचाया जाता है। पैसा कमाने के लिये किस प्रकार के जरूरी नियम और तरीके होते हैं। इसे और अधिक बढ़ाने के लिये कैसे और कहां निवेश किया जाए। अमीर और गरीब लोगों की सोच में ऐसा क्या अंतर होता है कि अमीर हर दिन अमीर और गरीब हर दिन गरीब होते जा रहे हैं। क्या दौलत कमाने का हक सिर्फ अमीर लोगों को ही है। इसके अलावा एक बहुत ही महत्त्वपूर्ण बात यह है कि दौलत कमाने के लिये इतने बड़े जोखिम क्यों उठाने पड़ते हैं। इसी के साथ मन में यह विचार भी आता है कि रईस बनने की राह में आने वाली अड़चनों से कैसे मुकाबला किया जाये ताकि हम अपनी हार को जीत में बदल सकें। आईये अब जानते है कि रईस बनने का असली रहस्य क्या है। अमीर लोग किस तरह से सोचते और काम करते हैं कि दुनिया भर की दौलत खुद ही उनकी ओर आकर्षित होने लगती है। पैसे कमाने की रफ्तार और विस्तार के लिये सबसे पहले हमें अपनी सोच, नजरिये, दूरदृष्टि को बदलने के साथ मन में यह विश्वास पैदा करना होगा कि हम भी अमीर बन सकते हैं। सबसे बड़ा रईस बनने के लिये हमें किसी से इजाजत लेने की आवश्यकता नहीं होती। दूसरे लोगों की तरह हमें भी बेशुमार दौलत कमाने का हक है। अमीर बनने के लिये अपनी इच्छाओं को मारने की जरूरत नहीं बल्कि उन्हें पूरा करने का प्रयास करना होगा। पैसे कमाने के मौके हर इंसान की जिदंगी में आते हैं जरूरत सिर्फ इस बात की होती है कि हम सही समय पर सही मौके का फायदा उठाना सीखें। बीते हुए कल और आने